AF420200

El poder de tu nueva identidad

El poder de tu nueva identidad

Dr. Jaime Cintrón

Editorial Zayas
el mundo espera, publícalo

El Poder de tu nueva identidad
Copyright © 2022 Dr. Jaime Cintrón
Primera edición: noviembre 2022
Editorial Zayas
ISBN: 9798365703995

Edición y arte de portada: Dr. Miguel Ángel Zayas

Editorial Zayas
Santa Isabel, Puerto Rico / La Habana, Cuba
editorialzayas@gmail.com
17872635223

DEDICATORIA

- ❖ Dedico este libro, en primer lugar, a mi Padre Celestial por marcarme desde el vientre de mi madre y por darme el privilegio de poder servirle.

- ❖ A mi señor Jesucristo, por dar su vida por mí y poder ser coheredero con Él de todas sus bendiciones.

- ❖ Al Espíritu Santo, por ser mi maestro y mi guía, día a día, y por su respaldo en todos los trabajos que hago para el reino de Dios.

- ❖ A mi amada esposa Marisol, mi gran ayuda, mi regalo de Dios y mi compañera de ministerio.

- ❖ A mis hijas Aimé Marie y Gabriela Aimé, por ser quienes me motivan cada día a servir a mi Dios y me enseñan que para ir al cielo tenemos que ser como niños.

- ❖ A mi hijo Jaime Josué, promesa y bendición de Dios.

- ❖ A mis padres Jaime y Alma, por su ejemplo y apoyo siempre, pero especialmente a mami por instruirme en los caminos del señor durante toda mi vida.

❖ A mis hermanos Luis y Almaris, por creer siempre en mí.

❖ A mis apóstoles Carlos y Marlyn, los cuales considero mi familia, por apoyarme, enseñarme, respaldarme en todo y por sus oraciones en cada momento.

Bienvenido a la lectura del libro *El poder de tu nueva identidad.* A través de esta obra literaria, el evangelista Jaime Cintrón nos describe el poder de Dios que reside dentro de cada vida que ha nacido de nuevo. Además, Jaime nos guía a través de la Biblia desde la creación del primer hombre y su caída posterior, hasta el rescate de la humanidad a través del sacrificio de nuestro Señor Jesucristo.

Te invito a descubrir la pasión, la dedicación y el carácter de Cristo a través de las palabras de nuestro hijo en el espíritu, Jaime. Dios ha depositado en él su corazón para trabajar arduamente ganando vidas para el reino de los cielos. Es un hijo maduro, capaz de poseer y administrar sabiamente todo lo que el Padre le ha confiado. Es un discípulo multiplicador con el fruto del espíritu.

Le doy gracias a Dios por toda la revelación que le ha dado a su siervo y gracias le doy al Padre eterno por toda la dedicación y el desvelo con que trabaja impartiendo esta revelación. *El Poder de tu nueva Identidad* será uno de los libros más relevantes que usted haya leído recientemente.

Apóstol Dra. Marlyn Arroyo

ÍNDICE

Introducción 1

¿Cómo te ves? 7

¿Que pasó en el origen de la creación? 11

Las artimañas del diablo 19

Somos más que vencedores 31

Aceptando a Jesucristo como tu Salvador 37

¿Quién eres en Cristo? 43

Dios me compara a las águilas 51

Jehová pelea por ti 59

El poder del Espiritu Santo 63

El ejercito de ángeles estan a tu servicio 71

Promesas que me pertenecen por mi nueva dentidad 83

La victoria de los apóstoles 93

Armas de mi nueva identidad 99

Los mejores años de tu vida son los que están por venir 129

Introducción

urante mucho tiempo hemos visto a la humanidad acostumbrarse a vivir en derrota. Tenemos que admitir que miles de personas viven esa vida de derrota por la presión satánica diaria. Pero eso se debe a la falta de conocimiento. La biblia dice:

"Mi pueblo fue llevado cautivo, porque no tuvo conocimiento".

(Isaías 5:13)

"Mi pueblo fue destruido, porque le faltó conocimiento".

(Oseas 4:6)

Estas palabras significan que, si no tenemos el conocimiento necesario de algo, puede afectarnos hasta el punto de que podemos ser destruidos. Por ejemplo, si una persona trabaja con una sustancia radiactiva y no se protege porque desconoce los daños que puede causar la radiación su final seguramente será la muerte.

De igual manera, si un niño juega con fuego éste podría quemarse o hasta incendiar una casa y morir.

Cuenta la historia que cuando Adolfo Hitler lograba conquistar naciones, quemaba los libros y toda aquella literatura e información que pudieran tener a su alcance dichas naciones. Para que el conocimiento no llegase a ellos y se mantuvieran en ignorancia. De esta manera, él tomaba el control absoluto de toda esa población.

De igual manera hace Satanás, trata de mantener a la humanidad en ignorancia para que el conocimiento de Dios y su palabra no llegue a las vidas y se mantengan en derrota y nunca conozcan su potencial. Entonces, si nosotros no conocemos quiénes somos, qué armas tenemos para defendernos y atacar, qué somos capaces de lograr en las manos de Dios y quién es nuestro enemigo, las estrategias y artimañas que utiliza, estaremos incapacitados y nos sentiremos solos en la batalla diaria.

De la misma manera, cuando no hay conocimiento, cualquier mentira que el enemigo nos lance la tomaremos como cierta y caeremos en su trampa.

Esta historia es un ejemplo de este principio:

En una ocasión había dos ranas que estaban juntas y mientras jugaban fueron moviéndose de lugar a lugar y, de repente, caen en un pozo de agua. Al principio, el pozo estaba seco y en ese instante no había mucha preocupación para las ranas. Pero de repente, comenzó a salir agua por la parte de abajo del pozo y a subir el nivel del agua. En ese momento comenzaron a desesperarse las ranas y comenzaron a brincar lo más alto que podían para tratar de salir antes de morir. Saltaban y saltaban, pero no llegaban a la parte de arriba del pozo, pero seguían intentándolo. De pronto, aparece un pájaro y se para en la parte de arriba del pozo y comienza a reírse de las ranas. Se burlaba de ellas y a decirles que nunca iban a poder salir del agujero y que iban a morir ahogadas. Por varios minutos, las ranas seguían en su intento brincando y brincando para tratar de salir y el pájaro seguía lanzando palabras negativas sobre las ranas. Les decía que nunca lo lograrían y que iban a morir ahogadas.

Tanto fue la insistencia del pájaro que una de las ranas se dio por vencida y dejó de brincar, pero la otra siguió brincando sin darse por vencida. Luego de varios minutos, había subido tanto el nivel del agua que la rana que se había dado por vencida se ahogó.

No obstante, la otra rana siguió brincando y milagrosamente dio un salto con mucha fuerza y pudo llegar a la salida del pozo y se salvó. Había una diferencia entre estas dos ranas; la que se salvó era sorda de nacimiento y eso fue lo que le ayudó porque no escuchó las palabras negativas del pájaro. La otra rana le prestó atención y se dio por vencida.

Debemos aprender de esta historia. Si no tenemos conocimiento escucharemos cualquier mentira o palabra negativa del enemigo y la creeremos y llegará a tomar poder sobre nosotros. Por otra parte, si tenemos conocimiento de Dios, por más palabra negativa que se lance, nuestros oídos estarán sordos para la misma y solo escucharán la verdad de Dios.

Por tal razón, tienes que aprender y saber que el conocimiento es poder. Tanto así, que la palabra de Dios dice: *"y conoceréis la verdad y la verdad os hará libres"*. La verdad sola no te hace libre, Cristo dijo conoceréis la verdad. El conocer la verdad es la que te hace libre. Cuando la Biblia habla de conocer, se refiere a relación sexual. La Biblia dice que cuando Adán conoció a Eva concibió. También dice la palabra que José, a pesar de estar casado con María, no la había conocido. Esto quiere decir que no había habido una intimidad sexual entre ellos. Entonces, conocer en la

Biblia se refiere a quedar embarazado. Cuando la Biblia habla de conocer, se refiere a que hubo una intimidad sexual y por consiguiente puede ocurrir un embarazo. Entonces, cuando tú recibes conocimiento de Dios tú quedas embarazado por una revelación de Dios.

En este libro hay conocimiento para que tú quedes embarazado de esta verdad, de lo que eres en Cristo y el potencial tan grande que está dentro de ti. Tal conocimiento te dará poder. Este es excelente para vidas que viven en derrota y que necesitan el conocimiento y la fuerza para poder levantarse y ser unos triunfadores. Cuenta con innumerables citas bíblicas que servirán de apoyo para que cada vida que las lea las utilice diariamente en su vivir. Este escrito proveerá información sumamente valiosa de quién pensamos que somos cuando no tenemos conocimiento, de quién eres en realidad y cuál es tu verdadera identidad. Todo el que lea este escrito, al finalizarlo, será una persona totalmente diferente llena del conocimiento y del poder de Dios para lograr victorias todos los días de su vida.

Que la bendición de Dios esté con cada vida que lo lea y declaramos que serán transformados para disfrutar una nueva vida de victoria. Amén.

¿CÓMO TE VES?

Uando te hago esta pregunta, qué pasa inmediatamente por tu mente. Me imagino que si le hiciésemos esta pregunta a varias personas algunas posibles contestaciones serian de esta manera:

—Me veo muy bien; ya que tengo 45 años, soy un profesional, soy abogado, tengo un buen nombre en la sociedad, soy bien conocido, disfruto de una casa envidiable, poseo un gran auto, el cual muchos darían lo que sea por tener uno igual, poseo muchas finanzas y todo lo que quiero lo puedo poseer.

—Me veo por buen camino. Llevo toda mi juventud estudiando, sacando notas excelentes, estoy en lugares de honor por mi promedio. Me encuentro en mi doctorado de ingeniería y cuando termine los estudios sé que voy a triunfar, que vendrán muchas compañías detrás de mí y podré pedir lo que quiera y poseer lo que siempre he deseado. Todo gracias a mi inteligencia y preparación.

—Yo me veo triunfante, tengo un matrimonio estable, tengo una buena esposa que me complace en todo tiempo. Tengo unos hijos hermosos y buenos que estudian en colegios importantes, lo cual les ayudarán para su futuro. Vivo en un lugar bueno, con una casa fabulosa, un trabajo maravilloso y creo que nada puede desviar este caminar que llevo.

—Me veo sin futuro, como un barco a la deriva. No tengo trabajo, por más que trato nadie me ofrece un empleo ya que estuve preso en una ocasión. Estoy buscando pareja, pero no logro que me tengan confianza, me la paso vagando por diferentes lugares a ver qué pasa por tal razón no me veo bien.

—Yo también me veo muy mal, mi matrimonio no funcionó, se destruyó por completo. No veo casi a mis hijos, no puedo compartir con ellos, me siento bien solo. Casi todo el dinero que recibo de mi trabajo es para pagar la pensión de mis hijos y no me sobra casi nada para vivir. Me siento derrotado, no veo razones para vivir. No quiero luchar, me siento muy cansado.

—Pues yo me veía bien. Tenía buena familia, buen trabajo con buen sueldo, hasta que me dijeron que tenía una enfermedad incurable, me detectaron cáncer. Esta noticia cambió mi vida, se me acaban las fuerzas para vivir. Pienso en mi familia, qué será de ellos, cómo sobrevivirá mi esposo que tanto me ama, quién estará con mi hija cuando sea señorita, quién la aconsejará, quién la acompañará en su quinceañero, cómo sobrevivirán, me siento derrotada.

Podemos seguir imaginándonos posibles contestaciones a la pregunta que hicimos ¿Cómo me veo? Pero esta pregunta te la quiero hacer a ti, ¿cómo tú te ves?

Analiza . . . piensa por unos minutos cómo te ves. Me gustaría que todo lo que pase por tu mente lo escribas en un papel para que veas cómo tú te ves hoy. Cuando termines de leer este libro, ya no serás el mismo y esa persona a la cual tú estás describiendo en este instante quedará en el pasado. Nacerá en ti, hoy, una persona victoriosa, la cual tendrá el poder y la autoridad para vencer día tras día y disfrutar de las bendiciones que Dios tiene para ti.

Te sorprenderás tanto del cambio tan drástico que tendrá esa persona que describiste hoy con la que saldrá luego de terminar de leer este libro. Será una persona que no temerá, que estará de gloria en gloria y de victoria en victoria. Su rostro reflejará la belleza de Dios, reflejará la luz de Dios y todo el mundo va desear tener lo que tú tienes.

Ahora te lanzo un reto. Cómete este libro. Digiere cada capítulo, cada palabra, apréndete cada versículo de la Biblia que se menciona en él y verás la nueva persona victoriosa que saldrá en ti. Yo declaro, en esta hora, que este libro será de bendición para ti y que al finalizarlo podrás disfrutar del poder detrás de tu nueva identidad.

¿QUE PASÓ EN EL ORIGEN DE LA CREACIÓN?

Si nos remontamos al comienzo de la creación y vamos al libro de Génesis vemos que Dios:

"Y creó Dios al hombre a su imagen, a imagen de Dios los creó; varón y hembra los creó. Y los bendijo Dios, y les dijo: Fructificad y multiplicaos; llenad la tierra y sojuzgadla, y señoread en los peces del mar, en las aves de los cielos, y en todas las bestias que se mueven sobre la tierra".

(Génesis 1: 27-28)

En esta porción de la palabra, dice algo tremendo y maravilloso que quiero que quede sembrado en tu corazón en este momento. Dios creó al hombre a su imagen y semejanza. Una imagen es una representación. Cuando a Jesucristo le mostraron un denario al hacerle la pregunta sobre el tributo dijo:

"Entonces se fueron los fariseos y consultaron cómo sorprenderle en alguna palabra. Y le enviaron los discípulos de ellos con los herodianos, diciendo: Maestro, sabemos que eres amante de la verdad, y que enseñas con verdad el camino de Dios, y que no te cuidas de nadie, porque no miras la apariencia de los hombres. Dinos, pues, qué te parece: ¿Es lícito dar tributo al César, o no? Pero Jesús, conociendo la malicia de ellos les dijo: ¿Por qué me tentáis hipócritas? Mostradme la moneda del tributo. Y ellos le presentaron un denario. Entonces les dijo: ¿De quién es esta imagen, y la inscripción? Le dijeron: De César. Y les dijo: Dad, pues, a César lo que es de César, y a Dios lo que es de Dios. Oyendo esto, se maravillaron, y dejándole, se fueron".

(Mateo 22:15-22)

La pregunta de Jesús fue la siguiente: ¿De quién es la imagen? Ellos le respondieron: Es del César. Pudiese ser que la imagen en la moneda no estuviese bien hecha. Puede ser que estuviese desgastada y rayada, como les ocurre frecuentemente a las monedas. Pero esto no cambiaba el hecho de que se trataba de la imagen del César.

Era su representación y de nadie más. Por eso el hombre, como cabeza de los seres creados, es la imagen de Dios. Al hombre le fue entregado el poder de dominar sobre todo ser vivo que se mueve en el aire, sobre la tierra y en el mar. Por supuesto, esto en sujeción a Dios. Pero la semejanza va mucho más lejos. El hombre tiene una semejanza moral y mental con Dios. No solo el hombre representa a Dios en la tierra, sino que también, aunque limitado en el espacio y en el tiempo, puede por su semejanza con Dios llegar a tener una relación personal con Dios.

Dios le está diciendo al hombre: Yo te hice con la habilidad de ser semejante a mí y eso te permite comunicarte conmigo, tener una relación íntima conmigo. Además, Dios les quiso decir: Yo te hice a mi imagen, tú serás mi representante en la tierra y yo te respaldaré.

¡Qué maravillosa palabra! Dios quiere que sepas que Él te hizo a su imagen y semejanza, que quede bien claro esto. Tú y yo somos representantes de Dios en la tierra. Luego dice la palabra: *"Y los bendijo Dios"*.

Cuando Dios hizo al hombre, además de darle la potestad de ser su representante en la tierra y ser semejante a Él para poder tener una relación personal, Dios les dijo: "Yo te bendigo".

Dios lanzó bendición sobre el hombre. Dios le decía al hombre; "Yo te bendigo", todo te saldrá bien, no habrá maldición sobre ti sino solo bendición. Él quería que supiéramos que tendríamos de su parte favores, para bendición nuestra. Dice la palabra:

"Toda buena dádiva y todo don perfecto desciende de lo alto, del Padre de las luces".

(Santiago 1: 17)

Esto es la bendición de Dios sobre nosotros. En el versículo 28 de Génesis les dice Dios:

"Sojuzgad la tierra y señoread en los peces del mar, en las aves de los cielos y en todas las bestias que se mueven sobre la tierra".

Quiero que entiendas la importancia de estas palabras de Dios. Él le dice al hombre: "Tú te enseñorearás de todo lo sojuzgado, tú tienes de parte mía mi legado de autoridad y de poder para ser el señor de todo en la tierra". Dios le estaba diciendo al hombre te entrego la tierra para que seas el jefe y juzgues lo que hay en ella. Tú serás cabeza en ese lugar. ¡Que tremenda palabra!

Alguna vez te has preguntado, ¿a quién iba a juzgar, si lo que había en la tierra eran peces, aves, bestias?, la contestación es a Satanás. Dios sabía que Satanás estaba en la tierra.

"Cómo caíste del cielo, Oh, Lucero hijo de la mañana".

(Isaías 14: 12)

El nombre original de Satanás era Lucifer. Significa el que tiene brillo, en otras palabras, podrían ser "Lucero" o Estrella de la mañana. Él tenía un papel importante en la adoración a Dios en el cielo. Pero pasó algo en su interior y comenzó a crecer el orgullo y la envidia.

> *"Se enalteció tu corazón a causa de tu hermosura, corrompiste tu sabiduría a causa de tu esplendor".*
> (Ezequiel 28: 17)

Las mismas virtudes que Dios le dio para su bienestar, se convirtieron en la causa de su perdición. Esto debe constituirse en una lección para nosotros. No sea que se nos olvide que todo lo que somos, tenemos y hacemos en Dios es por su pura gracia. Lucifer llegó a creerse que él era el Creador en vez de la criatura. Fue entonces que su corazón se llenó de orgullo y se levantó contra Dios.

Por tal razón, fue expulsado del cielo y lanzado a la tierra. Entonces Dios quería que Adán supiera que él fue creado para un solo propósito, ser el representante de Dios en la tierra y de esta forma derrotar al diablo.

Por ende, yo quiero que tu sepas amigo(a), que el plan original de Dios con el hombre es que tú seas un vencedor, un triunfador, uno que será cabeza y no cola, uno que estará arriba y no abajo.

Ese siempre ha sido el plan y el propósito de Dios con el hombre, que seamos unos vencedores. La palabra que mejor te describe es victorioso. Cuando Dios nos creó, nos hizo, de tal manera, que siempre debíamos estar disfrutando victoria tras victoria.

Quiero que sepas esta gran verdad y que quede sembrada bien en tu mente y corazón. Dios, desde el principio, te hizo un vencedor y un victorioso. La ciencia nos ha enseñado que para procrear un hijo se necesita un óvulo, que lo provee la madre y un espermatozoide, que lo provee el padre. La unión de ambos provoca la fecundación y, por consiguiente, la formación de un bebé. Además, la ciencia nos especifica que cuando un hombre se une a una mujer, en una relación sexual para procrear hijos, del hombre salen aproximadamente de 250 a 500 millones de espermatozoides para fecundar el óvulo.

Ahora imagínate una carrera y que sus participantes son toda la población de los Estados Unidos de Norteamérica que es aproximadamente 330 millones de habitantes.

Todos están preparados y listos para la carrera. Todos se colocan detrás de la línea de salida para, cuando suene el disparo de salida, todos salir corriendo lo más rápido que puedan.

De repente, suena el disparo ….

Salen los 330 millones de personas a toda velocidad para lograr llegar a la meta. Pero, al final del trayecto, solo uno recibirá el premio. Solo uno ganará, y ¿quién fue ese?, tú y yo.

Ganó el más rápido, el de mayor resistencia, el más fuerte, el que estaba preparado para enfrentarse a cualquier circunstancia que encontrara en el camino. El que no se detuviese, el que no iba a mirar hacia atrás sino hacia adelante, hacia la meta. Ese fue el que ganó. El mejor de todos.

Te quiero decir que tú y yo fuimos los mejores en nuestras carreras. Que tú y yo le ganamos a más de 500 millones de personas para lograr fecundar el óvulo. Tiene que quedar claro en ti, desde el principio tú venciste, esa fue tu primera victoria. Así lo determinó Dios.

Fuiste hecho a su imagen y semejanza para vivir una vida de victorias y triunfos y, si tú lo crees, será siempre así.

Disfruta este momento porque ese victorioso eres Tú.

LAS ARTIMAÑAS DEL DIABLO

Cuando leemos la Biblia aprendemos quién es Satanás. En su origen era un querubín llamado Lucero. El cual tenía a cargo el ministerio de la alabanza y la adoración en el cielo.

"En Edén, en el huerto de Dios estuviste; de toda piedra preciosa era tu vestidura; de cornerina, topacio, jaspe, crisólito, berilo y ónice; los primores de tus tamboriles y flautas estuvieron preparados para ti en el día de tu creación. Tú, querubín grande, protector, yo te puse en el santo monte de Dios, allí estuviste; en medio de las piedras de fuego te paseabas. Perfecto eras en todos tus caminos desde el día que fuiste creado, hasta que se halló en ti maldad. A causa de la multitud de tus contrataciones fuiste lleno de iniquidad, y pecaste; por lo que yo te eché del monte de Dios, y te arrojé de entre las piedras del fuego, ¡Oh! Querubín protector. Se enalteció tu corazón a causa de tu hermosura, corrompiste tu sabiduría a causa de tu esplendor; yo te

arrojaré por tierra; delante de los reyes te pondré para que miren en ti. Con la multitud de tus maldades y con la iniquidad de tus contrataciones profanaste tu santuario; yo, pues, saqué fuego de en medio de ti, el cual te consumió, y te puse en ceniza sobre la tierra a los ojos de todos los que te miran".

(Ezequiel 28: 13-18)

En esta porción de la palabra, nos habla de lo hermoso que era Luzbel (Satanás) cuando estaba en el cielo, pero también nos habla que su corazón se llenó de maldad y quiso recibir adoración, lo cual provocó que Jehová lo destituyera del cielo y lo lanzara a la tierra junto a una tercera parte de los ángeles del cielo que hicieron contrataciones con Luzbel. Luego de este suceso, Dios crea al hombre y lo equipa con autoridad y poder para tener dominio total en la tierra y ser el vencedor.

Pero algo pasó . . .

Satanás sabía que si peleaba de tú a tú con el hombre iba a ser derrotado fácilmente, ya que Dios había dado su autoridad y respaldo al hombre. La palabra autoridad viene del griego *exousia*, y se usa para expresar la máxima autoridad de Dios.

Es usada cuando Cristo dice:

> *"Toda potestad me es dada en el cielo y en la tierra"*
> (Mateo 28: 18).

Este vocablo proviene de dos palabras: *ex*, que significa - desde afuera- y *ousia*, que quiere decir -estando adentro, a través de-. Esto nos describe el proceso mediante el cual Jesucristo viene en forma de cuerpo, entra al medio ambiente del hombre y se limita como ser humano. Entonces, desde afuera *-ex-* el Padre, la máxima autoridad pero estando adentro en Cristo *-ousia-* fluya la autoridad del Padre y destruya así las obras del infierno.

Este mismo término es el que se usa cuando Jesús le da la autoridad a la iglesia. Cristo es glorificado por el Padre, le es dado un nombre que es sobre todo nombre. El cual se nombra en los cielos, en la tierra y abajo de la tierra. Ha recibido la autoridad, el reino y le dice ahora a la iglesia que el mismo proceso que obró el Padre en Él, es el que ahora opera en nosotros. Cristo desde afuera, sentado en majestad a la diestra del Padre, pero estando dentro de nosotros, hace fluir su autoridad, haciendo en nosotros los milagros las maravillas y el poder.

Por eso dice refiriéndose a la autoridad que tenemos en Cristo:

"Juntamente con él nos resucitó y asimismo nos hizo sentar en lugares celestiales con Cristo Jesús".

(Efesios 2:6)

La autoridad de Dios tiene que ver con la esencia de quién es Dios. Es Rey de Reyes, y Señor de Señores. Es el Creador. Es el Dios Todopoderoso.

"En él fueron creadas todas las cosas, las que hay en los cielos y las que hay en la tierra, visibles e invisibles; sean tronos, sean dominios, sean principados sean potestades todo fue creado por él y para él. Y Él es antes de todas las cosas y todas las cosas en el subsisten".

(Colosenses 1: 16-17)

Es Aquel en quien todo estaba contenido y de quien todo salió por la Autoridad de su palabra. El habló en la potencia de su autoridad y la materia traspasó los confines de lo invisible, entonces se hizo visible. Jesús era el verbo que fue en un principio. Él estaba con Dios y era el mismo Dios.

"En él estaba la vida y la vida era la luz de los hombres. La luz en las tinieblas resplandece y las tinieblas no prevalecieron contra ella".

(Juan 1: 4)

Quiero darte un ejemplo más claro de Autoridad. Imagínate un camión viajando a una velocidad exagerada que sobrepasa los límites de velocidad y de momento el actor Arnold Schwarzenegger (*Terminator, Comando,* etc.), que mide sobre seis pies de altura y tiene tremenda musculatura, corriera al medio de la carretera y se parase de frente al vehículo para que se detuviese por orden de él. ¿Qué pasaría? El chofer seguiría su trayectoria, sin detenerse y lo atropellaría. Pero si reemplazáramos al hombre grande y musculoso por un hombre que mida menos de 5 pies de estatura, flaco, pero con un uniforme de policía, la historia cambiaría. El chofer bajaría la velocidad y se detendría porque este último tiene la autoridad para denunciarlo y enjuiciarlo. Además, tiene el respaldo de la ley para hacerlo. Por el contrario, el hombre musculoso no tiene ninguna autoridad ni el respaldo de nadie.

Así mismo funciona el hombre con la autoridad. Dios le había entregado autoridad y respaldo para hacerle frente al diablo y poder vencerlo y el diablo lo sabía. Cuando Satanás veía al hombre, veía a Dios y su ejército a favor de Él.

Entonces el enemigo, sabiendo que no podía meterle mano frente a frente, cara a cara porque sabía que sería una derrota segura utilizó varias artimañas. Lo primero que hizo fue que se disfrazó de serpiente para que no lo reconocieran. El enemigo utiliza en este tiempo las mismas artimañas, se disfraza para poder llegar más fácil a la gente. Lo segundo que hizo fue que les mintió. La palabra de Dios dice que Satanás se puede disfrazar de ángel de luz y es padre de mentiras. Él comenzó a decirle al hombre que para que fueran como Dios, para que tuvieran poder y autoridad, tenían que comer del árbol del bien y del mal. Ellos escucharon las palabras de Satanás, le creyeron y cayeron. Entonces perdieron toda la autoridad y el poder que Dios le había entregado y se lo entregaron al diablo.

Quiero que aprendas esto, si ellos ya tenían la autoridad y el poder, ¿por qué comen del árbol que era prohibido? ¿Sabes por qué? Porque ellos no lo habían creído en su corazón.

Eso mismo pasa en nuestros días; hay palabra de bendición para tu vida, hay palabra de victoria, palabra para que te levantes, pero muchos la escuchan y no la creen en su corazón, no la hacen suya, no la retienen y no se levantan nunca.

Prefieren escuchar las mentiras que lanza el diablo sobre sus vidas y se dejan engañar por los disfraces que utiliza para lanzarla.

En una ocasión había una jovencita que tenía un burro. La misma estaba llevando su burrito a pasear por el campo. Mientras lo hacía pasaron por un área donde había un gran agujero y, al no percatarse, el burro cae dentro de él.

Era tan profundo que el mismo el burro por sí solo no podía salir. Su dueña fue corriendo al pueblo donde vivía para buscar ayuda y logró conseguir varios vecinos para que le ayudasen a sacar el burro del agujero.

Cuando llegaron al lugar, se unieron todos y trataron por la soga del burro jalarlo y sacarlo del agujero, pero era tanto el peso de este que no pudieron sacarlo.

Entonces uno de los vecinos dijo: "como no podemos sacarlo vamos a tirarle tierra encima para enterrarlo vivo". Su dueña, como no veía otra salida, dio el visto bueno y buscaron palas y comenzaron a tirarle tierra encima al burro.

Eso mismo hace el enemigo con la humanidad, primero prepara el hoyo para las vidas sin darse de cuenta caigan en el mismo. Luego, al no ver solución inmediata para salir del hoyo o la situación, se dan por vencidos y el enemigo comienza a lanzarle tierra y lodo encima de las vidas para enterrarlas vivas. Pero algo increíble pasó con el burro.

Mientras las personas estaban lanzándole tierra encima para enterrarlo, él comenzaba a sacudirse. Esto provocaba que toda la tierra que le caía encima se le quitara y se amontonaba a su alrededor. Así seguía y seguía el suceso, la gente le tiraba tierra y el burro se sacudía y se amontonaba la tierra a su alrededor.

Tanto fue la tierra acumulada alrededor del burro que se formó unos montoncitos dando a lugar unos escalones, y entonces el burro aprovechó dicha tierra para salir del agujero. Él mismo consiguió la libertad. Aprovechó el ataque de sus enemigos a su favor y logró salir sacudiéndose. Así mismo debemos de hacer nosotros, cuando el enemigo te lance tierra encima para hundirte, solo tienes que sacudirte y dejar que la tierra se salga de encima y con ella misma tendrás la victoria.

¡Amigo, sacúdete, sacúdete!

Yo declaro, con la autoridad y el poder que Dios me ha dado, que cada palabra que está en este libro quedará sembrada en tu corazón y que el enemigo no te la podrá quitar.

En Mateo 13: 1-9 dice:

"Aquel día salió Jesús de la casa y se sentó junto al mar.   Y se le junto mucha gente; y entrando él en la barca, se sentó, y toda la gente estaba en la playa.   Y les habló muchas cosas por parábolas, diciendo: He aquí, el sembrador salió a sembrar.   Y mientras sembraba, parte de la semilla cayó junto al camino; y vinieron las aves y la comieron. Parte cayó en pedregales, donde no había mucha tierra; y brotó pronto, porque no tenía profundidad de tierra; pero salido el sol, se quemó; y porque no tenía raíz, se secó.   Y parte cayó entre espinos; y los espinos crecieron, y la ahogaron.   Pero parte cayó en buena tierra, y dio fruto, cual, a ciento, cual, a sesenta, y cual a treinta por uno. El que tiene oídos para oír, oiga".

Mateo 13: 18-22 nos narra:

"Oíd, pues, vosotros la parábola del sembrador: Cuando alguno oye la palabra del reino y no la entiende, viene el malo, y arrebata lo que fue sembrado en su corazón.   Este es el que fue sembrado junto al camino. Y el que fue sembrado en pedregales, este es el que oye la palabra, y al momento la recibe con gozo; pero no tiene raíz en sí, sino que es de corta duración, pues al venir la aflicción o la persecución por causa de la palabra, luego tropieza. El que fue sembrado entre espinos, este es el que oye la palabra, pero el afán de este siglo y el engaño de las riquezas ahogan la palabra, y se hace infructuosa".

En estos versículos nos explica el Señor que en ocasiones recibimos palabra y que Satanás hará lo que sea por robártela. Él lo comparó con un sembrador que lanzó su semilla junto al camino y vinieron las aves y se la comieron, otra semilla cayó en pedregales donde no había mucha tierra y esta brotó pronto pero el sol la quemó y se secó. Otra parte cayó entre espinos y cuando crecieron la ahogaron.

La semilla es la palabra de Dios, la que fue sembrada junto al camino es semejante a uno que recibió palabra buena, pero vino alguien y le quitó la fe, le habló negativo y le robó la bendición. La semilla que se sembró en pedregales es semejante a uno que recibe la palabra, se goza tremendamente, pero aparece la prueba, la tribulación y se le olvidó la palabra que había recibido y cayó. La última semilla fue sembrada entre espinos. Esta es semejante a uno que recibe la palabra pero el afán de la vida, las riquezas, la fama, la posición social, el trabajo y el qué dirán ahogan la palabra y la hace infructuosa.

Pero al final de estos versículos dice que una semilla fue sembrada en terreno fértil y este dio fruto al 30, al 60 y al 100 por uno.

Deseo que, desde hoy, tu corazón sea terreno fértil para que toda palabra de victoria y de bendición que recibas no sea apagada ni robada por el enemigo, sino que viva dentro de ti y te sirva de combustible para correr hacia la meta.

Volvamos con Adán y Eva, ellos olvidaron la palabra que Dios le había lanzado "enseñoréense de todos" (inclusive del diablo) y fallaron. Desde ese momento Satanás obtuvo autoridad y poder en la tierra, cuando el hombre se lo entregó.

Hoy día, Satanás sigue utilizando las mismas artimañas y estrategias para hacerte caer y engañarte. Se disfraza como tu amigo para lograr acercarse a ti y que tú escuches todas sus palabras y luego te miente soltándote palabras las cuales no te bendecirán, sino que te maldecirán hasta verte derrotado y destruido porque esa es su meta y propósito, ver a la creación de Dios derrotada.

SOMOS MÁS QUE VENCEDORES

Amigo(a), Dios quiere que tú sepas que eres más que vencedor. Y deseo, de todo corazón, que entiendas lo grande de esta frase, porque puede cambiar tu manera de pensar y, por consiguiente, tu vida. Te voy a presentar un ejemplo que escuché de un evangelista y es una buena manera de entender la grandeza de esta frase.

Imagínate un boxeador que se le anuncia que en varios meses va a pelear por el campeonato. Desde ese instante que recibe la noticia, este boxeador cambia su estilo de vida porque tiene que hacer todos los arreglos necesarios para obtener la mejor condición física para la pelea. Comienza a hacer unos sacrificios porque él quiere obtener el triunfo. Los que saben de boxeo dicen que el boxeador cambia su manera de alimentarse porque no puede subir de peso, comienza a sacrificar los dulces, los mantecados, los postres, las comidas que contengan muchas calorías (para nosotros las comidas de mejor sabor o las más que nos gustan), pero él lo hace porque quiere vencer.

Nuestro boxeador comienza a levantarse de madrugada para correr muchas millas todos los días para ponerse en forma. Comienza a eliminar las salidas de noche, sacrifican las fiestas y las actividades porque tienen que cuidarse más estos días antes de la pelea. Dejan, en su mayoría. de tener relaciones sexuales con sus esposas durante este tiempo de entrenamiento. Pero ellos están dispuestos a sacrificar cosas que le gustan con tal de obtener la victoria el día de la pelea.

Entonces, imagínate que llegó el día esperado, el día de la pelea. Él se ha preparado durante muchos meses, se siente listo para el combate. Cuando va a salir de su hogar para el lugar del combate le dice a su esposa que lo acompañe porque a él le gustaría que ella estuviera presente. Ella le contesta que no, que él sabe que a ella no le gusta ver las peleas, que no le gusta ver cuando lo golpean, que mejor lo espera en casa.

El boxeador se va hacia su destino confiado en su triunfo. Suena la campana y comienza la pelea. Transcurren "asalto" tras "asalto" y nuestro boxeador da el máximo, mientras pasan los "rounds" va recibiendo golpes de su contrincante. Su adversario es muy bueno y la pelea ha sido fuerte y difícil. En el séptimo "asalto" nuestro boxeador recibe un golpe fuerte cerca del ojo lo cual provoca una cortadura y comienza a sangrar mucho. Como se había preparado tanto, se había sacrificado tanto, por su mente lo único que pasaba era vencer, que él era un triunfador y así fue. Él no vio lo que tuvo que sufrir en la pelea; los golpes que recibió, la sangre que tuvo que derramar, él estaba viendo su recompensa, su victoria y al final de los doce "rounds" nuestro boxeador venció.

Fue aplaudido, levantado en brazos, recibió su cinturón de campeón, pero mejor aún un cheque de varios millones de dólares. Nuestro boxeador se va todo hinchado en su rostro, por los golpes recibidos, pero contento para su casa porque venció. Está bien deseoso de llegar a su hogar para darle la noticia a su amada esposa.

Cuando llega a la casa abre la puerta y, para su sorpresa, su esposa lo espera en la sala y él emocionado le dice la gran noticia: "mujer gané la pelea, he vencido" entonces, ella al escuchar esta noticia extiende su mano y le dice: "Entrégame el cheque" y nuestro amigo se lo entrega. Ella le dice a su esposo: "Tú eres el que venció, pero yo soy más que vencedora".

Ella tenía razón, él venció, pero ella era más que vencedora porque ella no tuvo que realizar ningún sacrificio, ningún esfuerzo, ella no sufrió en la pelea, pero gozó de todas las bendiciones y la recompensa de su marido.

Del mismo modo pasó con Jesucristo. El dejó su gloria, su majestuosidad, su grandeza, para venir a la tierra. Cuando le iban a crucificar le dieron latigazos, los cuales rasgaron su carne e hicieron que sangrara. Fue abofeteado, golpeado, escupido, insultado, le enterraron una corona de espinas, lo desnudaron para burlarse de Él. Luego le clavaron sus manos y sus pies con clavos de siete pulgadas, le introdujeron una lanza en su costado y todo esto lo hizo por amor a ti y a mí.

Te digo algo, Él murió, sí, pero resucitó y más aún Él venció.

Pero aquí viene lo mejor, tú eres más que vencedor porque Él hizo el sacrificio y a ti te entregaron el cheque, a ti te entregaron las bendiciones. Él dijo desde ahora serás coheredero conmigo. Desde ese día tu recibiste herencia, el cheque de parte de Dios. Ese cheque te provee salud eterna, alegría, gozo, paciencia sobrenatural, vigor, prosperidad económica, amor sobrenatural y miles de bendiciones y promesas que se encuentran escritas en la Biblia para ti.

Grábate esto en tu corazón, Él venció la pelea, pero tú eres más que vencedor porque disfrutas la recompensa.

ACEPTANDO A JESUCRISTO COMO TU SALVADOR

Quiero hacer un alto a todo lo que te estoy explicando para decirte unas palabras, las cuales cambiarán tu vida desde este momento. Por tal razón necesito tu total atención.

Quiero decirte que para mí este es el capítulo más importante de este libro. Hemos transcurridos varios capítulos juntos, los cuales han sido maravillosos, conteniendo verdades que cambiarán tu manera de pensar y los capítulos que siguen transformarán tu mente como nunca, logrando la persona victoriosa y poderosa que Dios quiere. Pero el capítulo que iniciará el cambio en tu vida es este.

Hemos aprendido en los primeros capítulos que Jesucristo venció en la cruz del calvario y recibió toda autoridad y poder, pero para poder disfrutarlos tienes que dejar que Jesucristo viva dentro de ti y tome control total de tu corazón y de tu vida completa. Tienes que dejarlo entrar. Dice Jesús en su palabra: *"Yo soy el camino, la verdad y la vida nadie viene al Padre sino por mí"*.

Dice en Juan 3: 17:

"Porque Dios no envió a su hijo al mundo para condenar al mundo, sino para salvarlo por medio de Él".

Si tú quieres tener autoridad y poder…
Si tú quieres ser salvo…
Si tú quieres que cuando mueras
ir al cielo…
Si tú quieres vivir una vida en
total bendición…
Si tú quieres vivir una vida en victoria…
Si tú quieres que Dios
transforme tu hogar…
Si tú quieres cambiar…

Tienes que decirle a Jesucristo, al Dios que te ama, al que está dispuesto a todo hasta morir por amor a ti, que entre a tu corazón y que, desde hoy, comience a morar dentro de ti.

Yo te aseguro que, si tomas esa decisión, tu vida nunca más será la misma, desde este momento verás como la mano de Dios estará contigo, verás cómo las puertas de bendiciones se abrirán para ti.

En una ocasión, un barbero recortaba un cliente y este le decía que Dios no existía porque si Él existiese no hubiera matrimonios destruidos, personas enfermas, no hubiese gente muriéndose de hambre ni crímenes. Entonces, el cliente no le contestó nada y cuando terminó el barbero de recortarlo se fue. Cuando iba de camino a su vehículo, ve a un deambulante con el pelo bien largo y la barba bien larga y entonces regresa a la barbería. Cuando ve al barbero el cliente le dice: "Usted sabe que los barberos no existen". El barbero le contesta: "Cómo usted dice eso, si yo soy barbero". El cliente le responde: "Si existiesen los barberos, ¿por qué afuera en la calle hay gente con el pelo y la barba largos?". A lo cual contesta el barbero: "Amigo porque no vienen donde mí para que yo los recorte y si no entran yo no los puedo recortar". Entonces el cliente le dice: "Amigo, eso mismo pasa con el mundo.

Dios está esperando a cada uno con los brazos abiertos para bendecirlos y ayudarlos, lo que pasa es que la gente no lo buscan ni dejan que Él tome control de sus vidas.

Amigo(a) que lees este libro, tú tienes todas las de perder si Dios no controla tu vida. El enemigo estará detrás de ti haciéndote la vida imposible y no tendrás la manera de vencer. Tu única alternativa es Jesucristo.

La palabra de Dios dice:

> *"Porque con el corazón se cree para justicia, pero con la boca se confiesa para salvación".*
> (Romanos 10: 10)

Estoy seguro de que tú quieres tomar una sabia decisión y entregarle tu vida a Jesucristo para poder comenzar una nueva vida de bendiciones y de victoria. Te pido que repitas esta oración en voz alta. Debe ser en voz alta para que el enemigo se entere que, desde hoy, tú tienes un nuevo dueño, Jesucristo el Señor.

Repite en voz alta esta oración:

Padre Santo y Padre Bueno, en este día quiero que sepas que estoy agradecido de ti por tu sacrificio en la cruz del calvario, de tu amor por mi persona. Por tal razón, yo quiero que hoy entres a mi corazón, que desde hoy mores dentro de mí. Cambia toda mi vida, saca lo que no te agrade de mí y añade en mí lo que me haga falta. Lléname de tu amor como nunca, quiero que escribas mi nombre en el libro de la vida. Amén

Hay buenas noticias para ti el día de hoy, ya eres salvo. Si murieras el día de hoy o Jesucristo viniese a buscar su iglesia, tú irás para el cielo. Te aseguro que desde hoy tu vida no será la misma. Si sientes ganas de llorar hazlo, sin ningún temor, porque es el Espíritu Santo ministrando a tu vida. Quiero decirte algo bien importante, Dios borró tu pasado desde el día de hoy, no te preocupes por tus pecados pasados por lo que hiciste o dejaste de hacer, dice su palabra:

"Que las cosas viejas pasaron he aquí todas son hechas nuevas".

Tú comienzas una nueva vida que estará llena de poder y autoridad. ¡Ya eres un hijo de Dios!

¿QUIÉN ERES EN CRISTO?

Cuando Jesucristo comienza a morar dentro de ti, cambia tu vida positivamente y cambia tu identidad. Mira bien cómo Dios dice que eres de ahora en adelante:

1. Eres la sal de la tierra

"Vosotros sois la sal de la tierra; pero si la sal no se desvaneciere.
¿Con qué será salada? No sirve más para nada, sino para ser echada
fuera y hollada por los hombres".

(Mateo 5:13)

2. Eres la luz del mundo

"Vosotros sois la luz del mundo;
una ciudad asentada sobre un monte no se puede esconder".

(Mateo 5: 14)

3.   Eres hijo de Dios

"Más a todos los que le recibieron, a los que creen en su nombre, les dio potestad de ser hechos hijos de Dios".

(Juan 1: 12)

4.   Eres amigo de Cristo

"Ya no os llamaré siervos, porque el siervo no sabe lo que hace su señor; pero os he llamado amigos, porque todas las cosas que oí de mi Padre, os las he dado a conocer".

(Juan 15: 15)

5.   Eres elegido por Cristo para llevar su fruto

"No me elegisteis vosotros a mí, sino que yo os elegí a vosotros, y os he puesto para que vayáis y llevéis fruto, y vuestro fruto permanezca; para que todo lo que pidieres al Padre os lo dé".

(Juan 15: 16)

6.   Eres siervo de Dios

"Mas ahora que habéis sido libertados del pecado y hechos siervos de Dios, Tenéis por vuestro fruto la santificación, y como fin, la vida eterna.

(Romanos 6: 22)

7.   Eres coheredero con Cristo, compartiendo su herencia

"Y si hijos, también herederos; herederos de Dios y coherederos con Cristo, si es que padecemos junto a él, para que junto a él seamos glorificados".

(Romanos 8:17)

8. Estoy unido con el Señor y soy un espíritu con El

"Pero El que se une al Señor, un espíritu es con él".

(1ra. Corintios 6: 17)

9. Eres miembro del cuerpo de Cristo

*"Vosotros, pues, sois el cuerpo de Cristo,
y   miembros cada uno en particular".*

(1ra. Corintios 12: 27)

10. Eres templo de Dios

*"Si alguno destruyere el templo de Dios, Dios le destruirá a él,
porque el templo de Dios, el cual sois vosotros, santo es".*

(1ra. Corintios 3: 16)

11. Eres una nueva creación

*"De modo que, si alguno está en Cristo, nueva criatura es; las cosas
viejas pasaron; he aquí todas son hechas nuevas".*

(2da. Corintios 5: 17)

12. Eres hijo de luz y no de oscuridad

*"Porque todos vosotros sois hijos de luz e hijos de día;
no somos de la noche ni de las tinieblas".*

(1ra. Tesalonicenses 5: 5)

13. Eres ciudadano del cielo

*"Mas nuestra ciudadanía está en los cielos, de donde también
esperamos al Salvador, al Señor Jesucristo".*

(Filipenses 3: 20)

14. Eres un santo

> *"Pablo, apóstol de Jesucristo por la voluntad de Dios, a los santos y*
> *fieles en Cristo Jesús que están en Éfeso".*
>
> (Efesios 1: 1)

15. Eres justo

> *"Y vestíos del nuevo hombre, creado según Dios*
> *en la justicia y santidad de la verdad".*
>
> (Efesios 4: 24)

16. Eres hechura de Dios, creado para hacer buenas obras

> *"Porque somos hechura suya, creados en Cristo Jesús*
> *para buenas obras, las cuales Dios preparó de antemano*
> *para que anduviésemos en ellas".*
>
> (Efesios 2: 10)

17. Eres hijo de Dios

> *"Pues todos sois hijos de Dios por la fe en Cristo Jesús".*
>
> (Gálatas 3: 26)

18. Eres uno con Cristo

> *"Ya no hay judío ni griego; no hay esclavo ni libre, no hay varón ni*
> *mujer; porque todos sois uno en Cristo Jesús".*
>
> (Gálatas 3: 28)

19. Eres heredero de promesas

> *"Y si vosotros sois de Cristo, ciertamente linaje de Abraham sois,*
> *y herederos según la promesa".*
>
> (Gálatas 3: 29)

20. Eres partícipe del llamamiento celestial

*"Por tanto, hermanos santos, participantes del llamamiento celestial,
considerad al apóstol y sumo sacerdote de nuestra
profesión, Cristo Jesús".*

(Hebreos 3: 1)

21. Eres linaje escogido, nación santa, pueblo adquirido por Dios

*"Mas vosotros sois linaje escogido, real sacerdocio, nación santa,
pueblo adquirido por Dios, para que anunciéis las virtudes de aquel
que os llamó de las tinieblas a su luz admirable".*

(1ra. Pedro 2: 9)

22. Eres nacido de Dios y el maligno no te puede tocar

*"Sabemos que todo aquel que ha nacido de Dios,
no practica el pecado, pues Aquel que fue engendrado
por Dios le guarda, y el maligno no le toca".*

(1 Juan 5: 18)

23. Eres un hijo de Dios – Él es tu Padre

*"Mirad cual amor nos ha dado el Padre para que seamos llamados
hijos de Dios, por esto el mundo no nos conoce, porque no le conoció a
Él. Amados ahora somos hijos de Dios, y aún no se ha manifestado lo
que hemos de ser, pero sabemos que cuando él se manifieste seremos
semejantes a él porque le veremos tal como él es".*

(1ra. Juan 3: 1-2)

24. Soy nacido de Dios

"Amados amémonos unos a otros, porque el amor es de Dios.
Todo aquel que ama es nacido de Dios y conoce a Dios".
(1ra. Juan 4: 7)

25. He sido adoptado por Dios

"Pues no habéis recibido el espíritu de esclavitud para esta otra vez
en temor, sino que habéis recibido el espíritu de adopción
por el cual clamamos: ¡Abba, Padre!".
(Romanos 8: 15)

26. He sido bendecido con toda bendición espiritual

"Bendito sea el Dios y Padre de nuestro Señor Jesucristo,
que nos bendijo con toda bendición espiritual
en los lugares celestiales en Cristo".
(Efesios 1: 3)

27. Soy Hijo de la promesa

"Esto es: No los que son hijos según la carne son los hijos de Dios,
sino los que son hijos según la promesa
son contados como descendientes".
(Romanos 9: 8)

28. Somos la alabanza de su gloria

"A fin de que seamos para alabanza de su gloria,
nosotros los que primeramente esperábamos en Cristo".
(Efesios 1: 12)

29. Somos sellados con su espíritu

"En él también vosotros habiendo oído la palabra de verdad el evangelio de vuestra salvación y habiendo creído en él fuisteis sellados con el Espíritu Santo de la promesa".

(Efesios 1: 13)

Cada uno de estos versículos, y otros cientos más que habla la Biblia, deben de estar sembrados en tu corazón y debes creerlo sin ningún tipo de duda. Te sugiero que todas las mañanas los repitas hasta que te los aprendas de memoria para que en los momentos indicados los traigas a la memoria para fortalecerte y levantarte.

Para que puedas ser instrumento de Dios para levantar a otros que lo necesiten.

Pudiera seguir mencionándote versículos de la Biblia donde corroboran la persona nueva que eres en Cristo. Ya dejaste de ser una persona derrotada, porque ahora eres una victoriosa, dejaste de ser la persona triste, porque ahora eres una llena de gozo y de alegría. Dejaste de ser una persona que no tenía rumbo fijo porque ahora sabes que eres una persona de destino.

¡Qué hermoso saber que nos espera un futuro lleno de bendiciones y de victorias por el amor de Jesucristo!

DIOS ME COMPARA A LAS ÁGUILAS

Ya hemos visto que el recibir a Jesucristo como tu salvador cambia todo en nuestras vidas y comienzas a disfrutar de una nueva identidad. Una de victorias y más victorias. Para que entiendas claramente lo maravilloso de esta identidad, Dios nos compara con águilas para que aprendamos de ellas y veamos la similitud con el creyente. Dice la palabra de Dios:

"Pero los que esperan a Jehová tendrán nuevas fuerzas; levantarán alas como las águilas; correrán y no se cansarán; caminarán y no se fatigarán".

(Isaías 40: 31)

Cuando en la Biblia se menciona al águila se refiere al águila dorada de Palestina. Esta águila es la más rápida de todas, puede alcanzar velocidades entre los 175 y 225 kilómetros por hora. Cuando desciende en picada puede alcanzar los 275 kilómetros por hora. Sus alas ayudan a poder tomar mucha altitud, fuerza y velocidad en su descenso.

A pesar de lo maravillosa que son las alas del águila, este no abusa de sus alas. Él sabe cuándo no hay que seguir batiendo las alas, sino planear y utilizar el viento a su favor. Nosotros como cristianos tenemos que aprender que no todo se hará con nuestras fuerzas, sino que hay momentos que tenemos que extender las alas y dejarnos llevar por el viento del Espíritu Santo para poder descansar en las promesas divinas y en lo que Jesucristo hizo en la cruz del Calvario.

Al águila le gustan las alturas, son de arriba. Cuanto más alto asciende más resalta su realeza. Ella es símbolo de excelencia, de poder y de nobleza. Tú eres llamado a ser como el águila, a no retroceder ante el enemigo, sino que avanza hacia él. Tienes que saber que eres un símbolo de excelencia creado por Dios, comprado a precio de sangre con un gran poder detrás de tu identidad. David nos ofrece un gran ejemplo:

"y aconteció que cuando el filisteo se levantó y echó a andar para ir al encuentro de David. David se dio prisa y corrió a la línea de batalla con el filisteo".

(1 Samuel 17: 48)

David sabía quién era, él sabía quién lo respaldaba. Sabía que no estaba solo, que había uno que pelearía con él, Jehová, y por tal razón obtuvo la victoria. Cuando las águilas van volando y se encuentran con una tormenta se elevan por encima de la misma. Tú tienes que volar por encima de los problemas, por encima de toda circunstancia, por encima de toda situación y por encima de todo lo que le sea contrario.

"Si pues, habéis muerto y vuestra vida está escondida con Cristo en Dios".

(Colosenses 3: 1-3)

Según como él águila vuela a alturas y vive en las peñas más altas, donde otras aves no pueden llegar para hacerle daño, Dios quiere que te remontes a esas alturas tan cerca de Él. Que nada ni nadie pueda separarte de Él ni hacerte daño. Mientras más alto vueles más lo conocerás, más cerca estarás de Él y más seguro podrás estar.

Quiero que sepas que su belleza es imponente. El Águila ha sido utilizada desde tiempos antiguos como emblema, insignia y escudo de naciones. Los Estados Unidos de América la utiliza como su símbolo nacional.

Tú eres el símbolo de Dios en la tierra. Él quiere que sepas que, mientras más Cristo crezca en ti y te dejes moldear por el Espíritu Santo, tu belleza será imponente. En ti hay nobleza y un valor incalculable. Eres símbolo de la perfección de Dios, de ser victorioso, de un real sacerdote, de una nación santa, de un pueblo poderoso en las manos de Dios.

> *"Ella habita y mora en la peña, en la cumbre del peñasco y de la roca. Desde allí acecha la presa; sus ojos observan de muy lejos".*
>
> (Job 39: 28-29)

Mira que espectacular es el águila que puede localizar su presa desde una gran altura. Su visión es telescópica. A una milla de distancia puede localizar a cualquier otro animal. Cuando localiza a su presa se lanza en picada desplazándose a más de 125 millas por hora. A esa increíble velocidad la atrapa por sorpresa.

Algo más del águila. ¿Sabías que el águila tiene ocho veces más células visuales por centímetro cúbico que el ojo humano? Te brindo un ejemplo: volando a una altura de 200 metros, el águila puede ver un objeto del tamaño de una moneda de diez centavos moverse entre una hierba que mida 6 pulgadas de alto. Por eso las personas que son como las águilas pueden ver lo que la mayoría de las otras personas se pierden.

Esto es sumamente importante que sepas, el cristiano no mira los problemas, vemos las soluciones. Tienes que enfocar tu visión para ver aquello que es necesario que veas y no desviar tu visión de los objetivos claros y precisos. Tu meta está definida por el alcance de tu visión. El deseo de Dios es que sepas que tienes una visión espiritual y puedes ver más allá que otros, úsala a tu favor. Si quieres tener éxito y eres como el águila aprovecharas cada oportunidad que se te aparezca, la agarrarás y no la soltarás. Esforcémonos para lograr el éxito. En la Biblia nos hablan de dos hombres que son un buen ejemplo de tener una visión de águila: Josué y Caleb. La Biblia dice que Moisés envió doce espías para inspeccionar la tierra prometida y traer un informe sobre las condiciones que allí prevalecían (Números 13: 16-20).

Josué y Caleb fueron parte de estos doce. De acuerdo con este informe, se tomaba la decisión de entrar a la tierra o no.

Cuando regresaron de inspeccionar la tierra varios de ellos dijeron que el lugar era hermoso y maravilloso, según lo había declarado Dios, pero que había gigantes imponentes y que al lado de ellos se verían como langostas.

Ellos tenían una baja estima de sí mismos. Como nosotros nos veamos, determinará cómo otros nos verán. Tú y yo llegamos a ser lo que pensamos que somos. Si nos creemos gallinas y actuamos como tales; eso seremos, gallina. Si nos vemos como águilas y actuamos como tales, el mundo nos verá como águilas y nos tendrán que tratar como águilas. Tú y yo somos águilas y no gallinas.

Josué y Caleb, aunque se juntaron con gallinas, sabían que eran águilas y le respondieron al pueblo:

> *"Subamos luego y tomemos posesión de ella,*
> *porque más podremos nosotros que ellos".*
>
> (Números 13: 30)

Ellos sabían que, si hasta ese lugar los había llevado Dios, Él los seguiría respaldando hasta lograr su propósito.

Dios te dice, en este día, que Él cumplirá su propósito en ti. Que tú tienes destino y propósito en este mundo, que lo lograrás y alcanzarás un buen testimonio delante de Dios por hacer su voluntad.

El pueblo apoyó a los primeros, los que tenían una visión de gallina, pero Dios apoyó a estos dos porque su visión era de ayuda. Por tal razón, no todo el pueblo pudo entrar a la tierra prometida, excepto Josué y Caleb. Ellos dos disfrutaron de la bendición y del triunfo. Dios peleó con ellos y tuvieron la victoria y pudieron entrar en la tierra que fluye leche y miel.

Tú eres un águila, no una gallina. Tú volarás alto, te verás hermoso, y esa visión te ayudará a ver el camino correcto.

JEHOVÁ PELEA POR TI

Hay un versículo en la Biblia que cuando lo leo revoluciona todo mi ser y me llena de fuerzas, confianza y de valentía. Este versículo se encuentra en Éxodo14:14: *"Jehová pelará por vosotros y vosotros estaréis tranquilos"*.

Hermano, mira que tremendo lo que te está diciendo el mismo Dios, creador de universo, el que no tiene límites, el que todo lo puede, el que no pierde ni una de las batallas que pelea por ti. Que no importa tu situación, tu problema, lo difícil o imposible que veas la situación, Él peleará por ti, y no solamente eso, sino que pelea por ti y tú estarás tranquilo.

Dios quiere que sepas que Él se encargará de tus enemigos y tú no tendrás que hacer nada. La palabra de Dios dice:

> *"Venid a mi todos los que estáis cansados y cargados, que yo os haré descansar".*

Él quiere que le entregues todas tus cargas, todas tus situaciones, que Él te hará descansar. ¿Cómo Él hará que yo pueda descansar? ¡Fácil! Resolviéndote el problema, peleando en la batalla. Destruyendo a tu enemigo y tú no tendrás que mover un dedo, sino gozarte viendo como Él lo hace.

El pueblo de Israel salió en total victoria de la esclavitud de Egipto y llegó un momento que se encontraron con el mar de frente y en la espalda venía el ejército de Egipto para hacer que volvieran atrás. En ese momento, donde no había salida posible, donde no había plan alguno que los ayudara a solucionar tan increíble situación, el Señor, imponente, hace sentir su presencia y dice: *"Yo pelearé por vosotros y ustedes estarán tranquilos".* Imagínate que hoy en medio de cualquier situación que te esté sucediendo, oigas la voz de Dios diciéndote: "Tranquilo hijo mío, yo pelearé esto por ti".

¡Qué maravilloso y tremendo es nuestro Dios!

¿Sabes lo que es eso? Que el Dios que lo puede todo, saque de su tiempo para decirte: Tú eres tan importante para mí que yo quiero que estés siempre tranquilo, que no te desesperes, que no te aflijas, que no tengas miedo porque lo hago por ti, ¡ALELUYA!

Dice la palabra, que Él abrió el mar Rojo y el pueblo pasó en seco, algo imposible para el hombre, pero posible para Dios y cuando el pueblo de Egipto pasó murieron todos.

Mira que tremendo esta esto, si lees el versículo 25 de Éxodo 14 dice que Dios mismo bajó y quitó las ruedas de sus carros, los trastornó gravemente y los egipcios se dieron cuenta que Él peleaba por ellos.

Hermano, aquí vemos lo que te digo, Dios saca de su tiempo para resolverte tus problemas y situaciones. De hoy en adelante, tienes que estar tranquilo, porque hay uno que pelea por ti.

En el libro de Josué se repite la historia. Viendo los enemigos del pueblo de Israel que no podían solos vencerlos, deciden unirse contra ellos. Se unieron cinco ejércitos en contra del pueblo de Dios. Volvemos a ver una situación difícil, pero Dios nos demuestra su amor por nosotros, cuando Él dice que pelea por ti, lo hace.

En Josué 10:11 dice que Jehová arrojó, desde el cielo, grandes piedras sobre ellos y que fueron más los que murieron por las piedras de granizo que por la espada de los soldados de Israel.

Vemos cómo Dios mismo se hace parte de la situación y pone personalmente su mano para ayudarte y demostrarte que te ama grandemente y que siempre quiere darte la victoria.

Por tal razón, quiero que sepas que tú no puedes perder, que estás en victoria total y absoluta porque el que te resuelve los problemas y las situaciones es el mismo Dios, el que no tiene límites y nada lo detiene.

En Romanos 8: 31 dice: *"Si Dios es por nosotros, quién contra nosotros"*. Yo te aseguro que Dios está con nosotros y especialmente contigo.

En Isaías 54: 17 dice: *"Ninguna arma forjada contra ti prosperará…"* Hermano, nadie podrá hacerte daño. De hoy en adelante, debes estar erguido y con la cabeza en alto porque el Creador esta de parte tuya.

EL PODER DEL ESPÍRITU SANTO

Tu identidad en Cristo provoca que disfrutes del poder del Espíritu Santo. Este poder es el que opera hoy día en cada creyente, en cada persona que ha aceptado a Jesucristo como el señor de su vida, en cada uno que ha encontrado esta maravillosa identidad.

En Juan 14: 16-17, Jesucristo les dijo a sus seguidores:

"y yo rogaré al Padre y os dará otro Consolador, para que este con vosotros para siempre, el Espíritu de verdad, al cual el mundo no puede recibir, porque no le ve, ni le conoce, pero vosotros le conocéis, porque mora con vosotros, y estará en vosotros".

Este consolador es el Espíritu Santo, el cual desde ese momento ha estado en la tierra respaldando a la iglesia de Dios, guiándoles y manifestando su poder. Ese poder está dentro de ti hoy.

En Hechos 10: 38 dice:

"Me refiero a Jesús de Nazaret y a cómo Dios le ungió con el Espíritu Santo y con poder. El anduvo haciendo el bien y sanando a todos los oprimidos por el diablo porque Dios estaba con él".

Jesucristo, como hombre, fue ungido con el Espíritu Santo y su poder y desde ese momento estuvo aplastando la cabeza al diablo y destruyendo sus propósitos, mientras estuvo en la tierra.

Dios quiere que sepas que el Espíritu Santo está hoy disponible para ti como hace 2,000 años con Jesús. El propósito sigue siendo el mismo que en el principio, que le des duro al diablo y lo mantengas derrotado y aplastado bajo tus pies.

Esa nueva identidad que tú tienes te da la oportunidad que el mismo Dios viva dentro de ti. ¡Imagínate esto! ¡Que grandioso! El mismo Dios, el creador del universo, el que creó los cielos, la tierra, el sol y las estrellas, el que todo lo puede, viva dentro de ti. Por tanto, no hay razón para dudar, no hay razón para temer porque Dios mismo estará contigo en todo momento.

Ese Dios que vive dentro de ti se llama el Espíritu Santo y quiero que estés bien atento a algo que te voy a explicar.

Hemos visto en capítulos anteriores que Jesucristo nos dio una victoria tremenda cuando venció en la cruz del calvario. Luego de haber resucitado, Él estuvo 40 días mostrándose a sus discípulos para que creyeran y experimentaran esa victoria que había obtenido. El último día, antes de partir para el cielo, Jesús dijo estas palabras:

"Yo me voy, pero dejó un consolador…"

Algunos pensarían, ¿Por qué Jesús no se quedó en la tierra como hombre? Era necesario que subiera al cielo porque como hombre tenía limitaciones. El cuerpo lo limitaba a no poder ser omnipresente, omnisciente y omnipotente, tenía que depender solo en el lugar donde su cuerpo humano lo llevara.

Por tal razón, Él nos envió a uno; El Consolador. ¿Quién es este consolador? El Espíritu Santo. Era diciéndonos: es necesario irme porque conmigo ustedes estarán limitados, pero en el Espíritu Santo no, porque este viene como Dios y puede pasar y vivir con todos ustedes al mismo tiempo.

Es importante que tú sepas que el Espíritu Santo es la tercera persona de la trinidad. Él es digno de nuestra adoración, fe y amor, no podemos restarle la honra que se merece.

"Que él es eterno porque Dios no tiene principio ni fin,
sino que existe eternamente".
(Hebreos 9: 14)

Que es omnipresente, ya que está presente en todas partes:

"¿A dónde me iré de tu espíritu? ¿Y a donde oiré de tu presencia?".
(Salmo 139: 7-10)

No existe lugar donde nos podamos esconder de Dios. Él es omnipotente, ya que no tiene limitaciones en su poder. Nos maravillamos ante el grupo, poco prometedor, que el Señor escogió para que llevara adelante su obra después de su partida. Eran hombres sin preparación, sin dinero ni influencia. Más aún, a pesar de habérsele revelado, le faltó fe y valor al punto de abandonarle en la hora de su arresto y juicio. Sin embargo, más adelante, esos hombres provocaron tal agitación, no solo en Jerusalén, sino a través de Asia y Europa, que las personas decían: "Estos que trastornan el mundo entero también han venido acá". (Hechos 17: 6). No fueron estos hombres quienes habían transformado el mundo sino el poder omnipotente del Espíritu Santo obrando por medio de ellos.

Es omnisciente, todo lo sabe, todo lo experimenta, todo lo siente no hay nada en nuestros corazones y mentes que podamos ocultar delante de su presencia.

En los Evangelios los discípulos son cobardes, en el libro de los Hechos son héroes. Un simple empleado asustó a Pedro pero, unos pocos días más tarde, ese mismo hombre fue valiente como león. Con valor se levantó ante la multitud de tres mil personas y les acusó de haber crucificado al Señor Jesucristo. ¿Qué fue lo que causó la diferencia? El poder del Espíritu Santo. Antes de su ascensión, en su mensaje de despedida, Cristo dijo:

> *"Recibiréis poder cuando haya venido*
> *sobre vosotros el Espíritu Santo".*
> (Hechos 1: 8)

Tan potente fue este poder en la vida de Pedro, que Simón el mago le ofreció dinero diciendo: *"Dadme a mí también este poder"*. Pedro respondió:

> *"Tu dinero perezca contigo, porque has pensado*
> *que el don de Dios se obtiene con dinero".*
> (Hechos 8: 18-20)

Es tan grande el poder del Espíritu Santo que en Génesis 1: 2 dice:

> *"La tierra estaba desordenada y vacía,*
> *y las tinieblas estaban sobre la faz del abismo".*

Fue entonces cuando *"el espíritu de Dios se movía sobre la faz de las aguas"*, poniendo en orden a ese caos y haciendo desaparecer las tinieblas.

Eso mismo pasa en nuestros días, cuando el Espíritu Santo llega a un lugar, todo caos o desorden lo pone en orden y hace desaparecer toda tiniebla. Tiene que ocurrir cambio cuando el Espíritu Santo llega. Por tal razón, mientras tú estés lleno del Espíritu Santo, eres una persona de cambios. Tú llevas a Dios por dentro.

La palabra de Dios dice: *"que todo lo que pisare la planta de vuestro pie será nuestro"* eso es verdad, porque cuando caminas por la calle el mismo Dios que está dentro de ti va caminando contigo, es su poder y su autoridad la que logra los cambios.

Tú eres persona de cambios y deben ocurrir cambios en tu hogar, en tu vecindario, en tu trabajo en donde quiera que tú estés porque llevas a Dios por dentro. Ese poder para lograr cambios está contigo y está dispuesto y listo para respaldarte.

No debes avergonzarte de llevar a Dios por dentro, sino debes sentirte orgulloso. Los discípulos de Jesucristo no sabían ni entendían este poder hasta que el Espíritu Santo los llevó en

Pentecostés, y en ese momento se dieron cuenta del poder que poseían y no se avergonzaron de proclamarlo.

"Y nosotros somos testigos suyos de estas cosas y también el Espíritu Santo, el cual ha dado Dios, a los que obedecen".
(Hechos 5: 32)

Ellos recibieron ese poder y lo utilizaron para sanar enfermos, libertar a los cautivos, entre otras cosas. Ese mismo poder te pertenece a ti. Dios quiere que lo uses a tu favor para lograr victorias; en contra de la enfermedad, de la pobreza, de la depresión, del temor y de toda maldición que quiera levantarse en contra tuya. De algo yo estoy seguro, que la victoria tú la tendrás y la disfrutarás. ¡Aleluya!

EL EJÉRCITO DE ÁNGELES ESTÁN A TU SERVICIO

Qué hermoso es saber que el mismo Dios pelea por ti, pero además de esta tremenda noticia, Dios nos tiene otra noticia maravillosa. Que tiene un ejército en el cielo a tu servicio; El Ejército Angelical.

> *"Pues a sus ángeles mandará acerca de ti …*
> *para que tu pie, no tropiece en piedra".*
> (Salmo 91: 121-12)

Cuando escuchas estas palabras debes estar emocionado y contento que Dios pelea por ti y que su ejército de ángeles está a tu servicio.

Así mismo, Dios tiene su ejército a tu servicio para que lo uses a tu favor. Si piensas que hay mucha gente en la tierra y que no darán a basto los ángeles, te quiero dar buenas noticias. Dice la Biblia que hay millones de ángeles, tan es así, que siempre hay varios alrededores tuyo, guardando tu camino para que no tropieces. No solo guardan tus caminos, sino que protegen tus propiedades (casas, carros, terrenos, etc.), así mismo a tu familia (esposa, esposo, hijos, madre, padre, hermano, etc.). Todos están guardados por este ejército, porque están a tu servicio.

Por tal razón, tú no estás solo. En la Biblia nos menciona que, en una ocasión, Eliseo estaba con su criado y que un ejército entero fue en contra de ellos.

"Y se levantó de mañana y salió el que servía al varón de Dios, y he aquí el ejercito que tenía sitiada la ciudad, con gente de a caballo y carros. Entonces su criado le dijo: Ah señor mío ¡¿Qué haremos? Él les dijo: No tengas miedo, porque más son los que están con nosotros que los que están con ellos. Y oró Eliseo, y dijo: Te ruego, oh, Jehová, que abras sus ojos para que vea. Entonces Jehová abrió los ojos del criado, y miro, y he aquí que el monte estaba lleno de gente de a caballo y de carros de fuego alrededor de Eliseo".

(2da. Reyes 6: 15)

Su criado tuvo mucho miedo al ver por la ventana al gran ejército del enemigo que los estaba rodeando. Pero Eliseo, como conocía bien cuál era su identidad y el poder de esta, le dice a su criado: no temas, no te desesperes, quédate tranquilo porque la victoria es nuestra porque mi Dios tiene un ejército al respaldo nuestro. Oró inmediatamente para que Dios le abriera los ojos espirituales a su criado y pudiera darse cuenta del ejército grande y poderoso que Dios tenía para protegerlos. Así sucedió, el criado tuvo la oportunidad de apreciar el ejército angelical que Dios había enviado a favor de ellos.

No hay manera que puedas perder, tienes un ejército a tu favor. En Daniel 10:12 nos da otro ejemplo la palabra de la intervención de Ángeles a favor de un hijo de Dios:

> *"Entonces me dijo: Daniel no temas porque desde el primer día que dispusiste tu corazón a entender y humillarte en la presencia de Dios fueron oídas tus palabras y a causa de tus palabras yo he venido".*

Aquí vemos a Daniel, siervo de Dios, que estaba orando por una petición especial y, mientras lo hacía, aparece un Ángel y le dice estas palabras del versículo 12.

Tienes que saber que cuando necesitamos una respuesta urgente de Dios, Él utiliza a los ángeles para traer la respuesta que estamos esperando para bendición de nosotros.

El mismo Daniel tuvo otra experiencia maravillosa relacionada a la intervención angelical a favor de él. El rey había firmado un edicto que no se podía orar a otro Dios que no fuera al rey en el término de treinta días.

"Todos los gobernadores del reino, magistrados, sátrapas, príncipes y capitanes han acordado por consejo que promulgues un edicto real y lo confirmes que cualquiera que en el espacio de treinta días demande petición de cualquier dios u hombre fuera de ti, oh, rey, sea echado en el foso de los leones. Ahora, oh, rey confirma el edicto y fírmalo, para que no pueda ser revocado, conforme a la ley de Media y Persia la cual no puede ser abrogada. Firmó pues el Rey Darío el edicto y la prohibición".

(Daniel 6: 7)

Los que habían auspiciado que se firmara este edicto eran enemigos de Daniel. Ellos sabían que Daniel, todos los días, oraba a Jehová mañana, mediodía y tarde. Con el edicto pensaban que podían atrapar a Daniel y que fuese lanzado al foso de los leones para verlo morir.

Fueron donde el rey a darle la noticia que Daniel había violado el edicto y que tenía que pagar con la muerte y así hicieron.

"Entonces el rey mandó y trajeron a Daniel y le echaron en el foso de los leones. Y el rey dijo a Daniel: El Dios tuyo a quien tú continuamente sirves, él te libre. Y fue traída una piedra y puesta sobre la puerta del foso la cual selló el rey con su anillo de sus príncipes, para que el acuerdo acerca de Daniel no se alterase".

(Daniel 6: 16)

El rey, aunque amaba mucho a Daniel, tuvo que cumplir su edicto y lo lanzó al foso de los leones. Pero ¡qué hermoso cuando tú sabes que Dios está contigo! Aunque haya enemigos, que quieran tramar tu caída o tu muerte, nunca podrán vencer porque tú identidad te dice que nunca podrás perder. Eres el hijo victorioso de Dios. Al otro día, el rey se levantó bien temprano para ver qué había sucedido con Daniel y tuvo una gran sorpresa.

"Entonces Daniel respondió al rey, oh rey, vive para siempre. Mi Dios envió su ángel el cual cerró la boca de los leones, para que no me hiciesen daño porque ante él fui hallado inocente, y aún delante de ti, oh, rey, yo no he hecho nada malo. Entonces se alegró el rey en gran manera a causa de él y mandó a sacar a Daniel del foso y ninguna lesión se halló en él, porque había confiado en su Dios".

(Daniel 6: 21-23)

¡Qué sorpresa se llevó al ver a Daniel vivo y sin ninguna lesión! Dios había enviado a sus ángeles a proteger a Daniel de los leones. Me imagino que Daniel durmió cómodamente, acojinadito, utilizando los leones de almohada mientras los ángeles se encargaban de cerrarles la boca a ellos. ¡Que Tremendo!

Pero todo no quedo ahí. El rey, al ver lo poderoso que era el Dios de Daniel, mandó a buscar a los hombres que habían tratado de matar a Daniel y los lanzó al foso de los leones y todos murieron. Entonces, el rey eliminó el edicto anterior y realizó una nueva ordenanza.

> *"De parte mía es puesta esta ordenanza: que en todo el dominio de mi reino todos teman y tiemblen ante la presencia del Dios de Daniel; porque él es el Dios viviente y permanece por todos los siglos, y su reino no será jamás destruido y su dominio perdurará hasta el fin. El salva y libra y hace señales y maravillas en el cielo y en la tierra; él ha librado a Daniel del poder de los leones"*
> (Daniel 6: 26-27).

Dios le dio la victoria a Daniel por él confiar, fue exaltado Daniel y el nombre de Dios. Por tal razón, debemos mantenernos firmes delante de Dios y siempre creerle porque su palabra es veraz y firme. Si Él ha dicho: "que ninguna arma forjada en contra de nosotros prosperará", será así siempre, no importa quién sea tu enemigo ni lo grande y poderoso que se vea, para Dios nada será imposible. Este ejército angelical Dios lo tiene a tu favor. Solo actívalo cuando lo necesites, Dios lo ha puesto a tu servicio. Hay algo que tiene que quedar claro, este ejercito le pertenece a Dios, por tal razón cuando requieras de su ayuda debes pedirle a Dios que los envíe a tu favor y lo hará. Especifico esto porque los ángeles no reciben adoración y solo obedecen el mandato de Dios. En Apocalipsis nos da un ejemplo de lo que estoy explicando. El Apóstol Juan tiene un encuentro con un ángel que fue enviado por Dios para mostrarle el final de los tiempos.

"Yo Juan soy el que oyó y vio estas cosas. Y después que las hube oído y visto, me postré para adorar a los pies del ángel que me mostraba estas cosas. Pero él me dijo: Mira, no lo hagas; porque yo soy consiervo tuyo, de tus hermanos los profetas, y de los que guardan las palabras de este libro. Adora a Dios".

(Apocalipsis 22: 8-9)

El ángel no recibió la adoración, sino que le dijo a Juan: "Adora a Dios". Esto es bien importante porque el poder que nosotros estamos experimentando es únicamente por Dios. Él es el único que merece toda la gloria, toda la alabanza, toda la exaltación. Bendito sea su nombre, por los siglos de los siglos. Amén.

En nuestros días hay miles de testimonios de personas que han recibido la ayuda del ejército angelical. Te quiero mencionar varios.

En una ocasión unos misioneros estaban en la selva amazónica y toda su comida se le había acabado. Ellos comenzaron a clamar a Dios para que los ayudase a no morir de hambre. Dice la historia que, luego de varias horas de estar orando por la ayuda del Señor, alguien tocó a su puerta. Les estuvo muy raro porque estaban en medio de la selva. Cuando abren la puerta se dan cuenta que era una señora cargando con unas bolsas. Las mismas estaban llenas de comestibles. Luego hicieron una suculenta cena, la cual esta señora participó de la misma. Cuando terminaron de comer y compartir con ella por varias horas la señora les dice que se tiene que ir. Ellos le dicen que quieren tomarse una foto, toda la familia con ella para mantener un recuerdo de ese momento tan especial. Así lo hicieron. Luego de varios meses regresaron a la civilización y tuvieron la oportunidad de revelar las fotos y, para su sorpresa, todas las fotos salieron con todos ellos excepto el espacio donde estaba la mujer que les ayudó.

Ellos entendieron ese día que Dios había enviado un ángel para llevarle alimentos a ellos. ¡Que increíble experiencia!

En otra ocasión una familia de misioneros estaba en su hogar cuando, de repente, llegaron unos indios de las tribus nativas del país donde estaban para destruir su casa y matarlos. Los querían matar porque estaban predicando un Dios diferente al que ellos adoraban. Cuando los misioneros vieron este grupo inmenso de indios, con lanzas en sus manos y antorchas de fuego para quemarlos vivos comenzaron a orar y a pedir ayuda a Dios. Dice el testimonio que se unieron todos en un cuarto y estuvieron orando toda la noche y que nada pasó. Como no escucharon voces ni ruido salieron y no había nadie. Todos se habían marchado y no habían hecho nada en contra de ellos. Luego de varios meses, el jefe de la tribu de indios aceptó a Cristo como su Señor y Salvador. El misionero aprovechó la oportunidad y le preguntó qué había pasado esa noche que no les hicieron daño. El indio le contó que cuando ellos estaban listos para prenderle fuego a la casa apareció un ejército de hombres bien musculosos, altos, con vestiduras blancas, y eran tantos hombres que ellos decidieron salir huyendo. Sin lugar a dudas era el ejército de Dios en acción.

Una vez, un pastor estaba con su familia e iban a almorzar en un lugar de comida rápida. Cuando se estacionan frente al local se bajan todos y él fue a buscar algo en el baúl de su automóvil, dejando olvidadas las llaves pegadas en la cerradura del baúl de su carro. Entran a almorzar y se sientan frente a los cristales donde tienen visibilidad hacia su vehículo. Ellos ven que dos señoras que se paran frente al baúl y que nunca se movieron de ese lugar mientras ellos comían. Cuando finalizaron salen y el pastor va donde ellas para preguntarles porqué estaban ahí. Las señoras señalaron con su cabeza hacia donde estaban las llaves pegadas. El pastor se sorprendió por lo que ellas habían hecho y les dio las gracias. Inmediatamente ellas comenzaron a caminar. Luego de varios segundos, él pensó recompensarles con algo, con lo que ellas necesitaran, cuando salió a buscarlas no las encontró por ningún lugar del estacionamiento. Dios había enviado a sus ángeles a guardar la propiedad de este siervo de Dios.

En una ocasión, un evangelista del Señor estaba predicando en una campaña y en medio de esta se apareció un hombre con un arma amenazando con matar al siervo de Dios. En ese momento, el evangelista oró y le pide al Señor que envíe su ejército en ayuda de él.

En ese instante, el hombre con el arma se le acercó y disparó en varias ocasiones. Para su sorpresa, nunca salió ninguna bala de la pistola. De momento, el hombre del arma sintió un empujón de frente y cayó al piso sin haber nadie a su alrededor. Sabemos que el Señor envió a sus ángeles para protección de él.

Pudiera seguir mencionando testimonios de la ayuda brindada por los ángeles. Lo importante es saber que están a nuestro servicio y que por ser hijo del Dios viviente tienes el derecho de poder utilizarlos a tu servicio, ya que así lo planificó Dios.

Por tal razón, no tengas miedo, no temas ni desmayes porque no estamos solos. Hay un Dios que te respalda y su ejército también.

También tenemos que sentirnos contentos de que, igual que los presidentes y gobernadores de naciones tienen guardaespaldas que están a su lado para protegerlos, tú y yo tenemos también guardaespaldas que están a nuestro lado día y noche para protegernos.

Así como el presidente, tú también eres importante delante de Dios, eres realeza y así nos tenemos que comportar.

PROMESAS QUE ME PERTENECEN POR MI NUEVA DENTIDAD

1. **Proverbios 10: 22**

    *"La bendición de Jehová es la que enriquece,
    y no añade tristeza con ella".*

2. **Lucas 12: 7**

    *"Aún los cabellos de vuestra cabeza están todos contados.
    No temáis, pues, más valéis vosotros que muchos pajarillos".*

3. **Romanos 8: 28**

    *"Y sabemos que a los que aman a Dios todas las cosas les ayudan a
    bien, esto es, a los que conforme a su propósito son llamados".*

4. **Salmo 147: 3**

    "El sana a los quebrantados de corazón y venda sus heridas".

5. **Salmo 37: 5**

"Encomienda a Jehová tu camino, y confía en él; y él hará."

6. **Salmo 1: 3**

"Será como árbol plantado junto a corrientes de aguas,
que da su fruto en su tiempo,
y su hoja no cae y todo lo que hace prosperará".

7. **Romanos 8: 37**

"Somos más que vencedores por medio
de aquel que nos amó".

8. **Proverbios 20: 22**

"No digas: Yo me vengaré; espera a Jehová,
y Él te salvará".

9. **Josué 23: 10**

"Porque Jehová vuestro Dios es quien pelea por vosotros,
como él os dijo".

10. **Deuteronomio 20: 4**

"Porque Jehová vuestro Dios va con vosotros, para pelear por vosotros
contra vuestros enemigos para salvarlos".

11. **Salmo 138: 7**

"Si anduviere yo en medio de la angustia, tú me vivificarás. Contra
la ira de mis enemigos extenderás tu mano".

12. **Sofonías 3: 17**

"Jehová está en medio de ti, poderoso, él salvará; se gozará sobre ti con alegría, callará de amor, se regocijará sobre ti con cánticos".

13. **Deuteronomio 28: 7**

"Jehová derrotará a tus enemigos que se levantaren contra ti; por un camino saldrán contra ti, y por siete caminos huirán de delante de ti".

14. **Salmo 146: 8**

"Jehová abre los ojos a los ciegos; Jehová levanta los caídos; Jehová ama a los justos".

15. **Salmo 55: 22**

"Echa sobre Jehová tu carga, y él te sustentará; no dejará para siempre caído al justo".

16. **Juan 16: 33**

"Estas cosas os he hablado para que en mi tengáis paz. En el mundo tendréis aflicción; pero confiad, yo he vencido al mundo".

17. **Salmo 37: 7, 9**

"Guarda silencio ante Jehová, espera en él. No te alteres con motivo del que prospera en su camino, por el hombre que hace maldades. Porque los malignos serán destruidos, pero los que esperan en Jehová, ellos heredaran la tierra".

18. **2 Samuel 23: 5**

> *"Él ha hecho conmigo pacto perpetuo, ordenado en todas las cosas, y será guardado".*

19. **Isaías 40: 31**

> *"Los que esperan en Jehová tendrán nuevas fuerzas; levantarán alas como las águilas; correrán y no se cansarán; caminarán y no se fatigarán".*

20. **Santiago 1: 5**

> *"Si alguno de vosotros tiene falta de sabiduría, pídala a Dios, el cual da a todos abundantemente y sin reproche, y le será dada".*

21. **Proverbios 8: 35**

> *"El que me halle, hallara la vida y alcanzara el favor de Jehová".*

22. **Isaías 54: 10**

> *"Porque los montes se moverán y los collados temblaran, pero no se apartará de ti mi misericordia, ni el pacto de mi paz se quebrantará, dijo Jehová, el que tiene misericordia de ti".*

23. **Éxodo 33: 14**

> *"Él dijo: Mi presencia irá contigo, y te daré descanso".*

24. **Isaías 42: 6**

   "Yo Jehová te he llamado en justicia y te sostendré por la mano".

25. **Salmo 37: 28**

   "Jehová no desampara a sus santos, para siempre serán guardados".

26. **Salmo 27: 10**

   "Aunque mi padre y madre me dejaran, con todo, Jehová me recogerá".

27. **Juan 10: 10**

   "Yo he venido para que tengan vida, y para que la tengan en abundancia".

28. **Filipenses 4: 13**

   "Todo lo puedo en Cristo que me fortalece".

29. **Romanos 8: 31**

   "Si Dios es por nosotros ¿quién contra nosotros?"

30. **Hebreos 13: 6**

*"Podemos decir confiadamente: el Señor es mi ayudador;
no temeré lo que me pueda hacer el hombre".*

31. **Isaías 41: 13**

*"Yo Jehová soy tu Dios, quien te sostiene de tu mano derecha,
y te dice: No temas, yo te ayudo".*

32. **Isaías 53: 5**

*"Mas él herido fue por nuestras rebeliones, molido por nuestros
pecados; el castigo de nuestra paz fue sobre él,
y por su llaga fuimos nosotros curados".*

33. **Jeremías 30: 17**

"Yo haré venir sanidad para ti, y sanaré tus heridas, dice Jehová".

34. **2 Corintios 4: 17**

*"Porque esta leve tribulación momentánea produce en nosotros una
cada vez más excelente y eterno peso de gloria".*

35. **Éxodo 15: 26**

"Yo soy Jehová tu sanador".

36. Génesis 28: 15

"He aquí yo estoy contigo, y te guardaré por dondequiera que fueres".

37. Salmo 4: 8

"En paz me acostaré y así mismo dormiré;
porque solo tu Jehová, me haces vivir confiado".

38. Salmo 34: 7

"El Ángel de Jehová acampa alrededor de los
que le temen y los defiende".

39. Isaías 43: 2

"Cuando pases por las aguas, yo estaré contigo; y si por los ríos,
no te anegaran. Cuando pases por el fuego,
no te quemaras, ni la llama arderá en ti".

40. Salmo 34: 19

"Muchas son las aflicciones del justo,
pero de todas ellas le librará Jehová".

41. Salmo 18: 32

"Dios el que me ciñe de poder y quien hace perfecto mi camino".

42. Salmo 46: 1

"Dios es nuestro amparo y fortaleza,
nuestro pronto auxilio en las tribulaciones".

43. **Filipenses 4: 19**

> *"Mi Dios pues suplirá todo lo que os falta conforme a sus riquezas en gloria en Cristo Jesús".*

44. **Lucas 11: 9**

> *"Pedid y se os dará, buscad y hallareis; llamad y se os abrirá".*

45. **1 Pedro 5: 7**

> *"Echando toda vuestra ansiedad sobre él, porque él tiene cuidado de vosotros".*

46. **Lucas 12: 32**

> *"No temáis, manada pequeña, porque a vuestro Padre le ha placido daros el reino".*

47. **Marcos 11: 24**

> *"Por tanto os digo que todo lo que pidieres orando, creed que lo recibiréis y os vendrá".*

48. **Juan 14: 14**

> *"Si algo pidieres en mi nombre, yo lo haré".*

49. Isaías 42: 16

*"Les haré andar por sendas que no habían conocido; delante de ellos
cambiaré las tinieblas en luz, y lo escabroso en llanura.
Estas cosas   les haré, y no los desampararé".*

50. Isaías 26: 3

*"Tu guardarás en completa paz a aquel cuyo pensamiento en ti
persevera; porque en ti ha confiado".*

LA VICTORIA DE LOS APÓSTOLES

Los primeros que comenzaron a disfrutar de la entrega del poder y la autoridad de Jesucristo fueron los apóstoles que estaban con Jesús. Jesús había dicho:

"De cierto de cierto os digo: El que en mí cree, las obras que yo hago él las hará también y aún mayores hará, porque yo voy al Padre".

(Juan 14: 12)

Cuando Jesús se fue para el cielo, luego que resucitó, dijo:

"Yo les doy poder y autoridad, y ustedes harán milagros más grandes que los que yo hice".

Les dijo más; yo me voy, pero viene uno que estará con ustedes el consolador (el Espíritu Santo) y ese estará respaldándolos en todo lo que hagan. Ellos creyeron lo que Jesús dijo.

Comprendieron que su identidad había cambiado y comenzaron a ver los milagros más grandes e increíbles de los cuales te voy a mencionar varios. En el libro de los Hechos capítulo 2, vemos a un Pedro que en su primera predicación se convirtieron 3,000 personas y en su segunda predicación 5,000 personas. En ese instante comenzamos a ver el respaldo de Dios en la vida de Pedro. En Hechos capítulo 3, nos relata la historia de un cojo de nacimiento que fue sanado por Pedro y Juan. Tanto fue la autoridad y el poder que estaba en estos hombres, que las personas enfermas se acercaban a Pedro y eran sanados solo con su sombra. Hermanos, ellos conocían su identidad, sabían que eran representantes de Dios en la tierra al igual que tú y yo. En Hechos capítulo 9, se nos habla de una mujer que había muerto y llamaron a Pedro y el oró por ella y resucitó.

Amigo(a), quiero que entiendas algo bien claro, Dios te ha entregado tal poder y autoridad que hasta los muertos resucitarán si tú lo crees. Así pasó con Pedro. Nada te podrá detener porque tú eres el hijo del Rey. En una ocasión encarcelan a Pedro y Dios envía su ángel para sacarlo (Hechos 12).

Igualmente pasó con Pablo y Sila. Los encarcelaron y ellos en vez de quejarse, dice la palabra, que comenzaron a cantar y adorar el nombre de Dios. Ellos sabían quiénes eran, eran hijos del Dios que lo puede todo. Dice la palabra, que de momento ocurrió un terremoto, se rompieron las cadenas y se abrieron las cárceles y pudieron salir. No habrá cadenas, ni cárcel que te detengan si confías en Dios y si no dudas quién eres en Cristo.

> *"Y hacía Dios milagros extraordinarios por mano de Pablo, de tal manera que aún se llevaban a los enfermos los paños o delantales de su cuerpo y las enfermedades se iban de ellos y los espíritus malos salían".*
>
> *(Hechos 19: 11)*

El poder de Dios se estaba manifestando con la nueva identidad de los apóstoles. Tan es así, que solo con la ropa de Pablo los enfermos eran sanados. Ese mismo poder es tuyo y mío el día de hoy, solo tengo que creer que cuando le entregué mi vida a Jesús mi identidad cambió y soy un hombre y una mujer nueva, llena del poder y del respaldo total del Dios Todopoderoso.

En Hechos 28: 1-6 menciona un milagro poderoso:

"Estando ya a salvo, supimos que la isla se llamaba Malta. Y los naturales nos trataron con no poca humanidad; porque encendiendo un fuego, nos recibieron a todos, a causa de la lluvia que caía, y del frío. Entonces habiendo recogido Pablo algunas ramas secas, las echó al fuego; y una víbora, huyendo del calor, se le prendió en la mano. Cuando los naturales vieron la víbora colgando de su mano, se decían unos a otros: Ciertamente este hombre es homicida, a quien, escapado del mar, la justicia no deja vivir. Pero él, sacudiendo la víbora en el fuego, ningún daño padeció. Ellos estaban esperando que él se hinchase, o cayese muerto de repente; más habiendo esperado mucho y viendo que ningún mal le venía, cambiaron de parecer y dijeron que era un dios".

¡Que tronco de milagro! Ellos pensaron que era un dios porque no murió, pero ellos no sabían que el mismo Dios (el Espíritu Santo) estaba dentro de Pablo para respaldarlo. Tiene que quedar claro que ya Jesús había hablado de esto cuando dijo:

"Y estas señales seguirán a los que creen. En mi nombre echaran fuera demonios; hablarán nuevas lenguas; tomaran en las manos serpientes y si bebieren cosa mortífera no les hará daño; sobre los enfermos pondrán sus manos y sanarán".

(Marcos 16: 17-18)

Esa misma promesa de que nada te hará daño que Jesús lanzó a los apóstoles y que ellos pudieron experimentar también nos pertenece a ti y a mí y la debemos estar disfrutando porque es parte de nuestra nueva identidad. Así, hay muchas más historias que se encuentran en la Biblia, las cuales leyendo éstas aumentarás tu fe y tu confianza en Dios.

ARMAS DE MI NUEVA IDENTIDAD

Hasta ahora hemos visto que el diseño de Dios para nosotros es uno de éxito y de Victoria. Ni por un momento debemos alimentar el pensamiento de que haya algunas situaciones en las cuales Dios no quiera darnos la victoria. No siempre la victoria es fácil pero siempre es posible en Dios. Ya hemos aprendido que siempre le vamos a ganar al enemigo no importa lo difícil que se vea el ataque. A continuación compartiré contigo algunas de las armas que Dios ha provisto para que podamos pelear con el diablo y siempre salir victoriosos. Solo mencionaré varias armas, pero son muchas más.

Está en ti seguir aprendiendo de la palabra y aumentando tu conocimiento para poder conocerlas todas y, lo más importante aún, utilizarlas a tu favor porque para eso fueron provistas.

LA SANGRE DE JESUS

Esta arma es sumamente poderosa y muchos cristianos no la utilizan. Es la sangre de Cristo lo que nos capacita para usar todas las otras armas del Espíritu. La sangre de Cristo es un arma muy efectiva porque ella confunde al diablo. Cada vez que un siervo de Dios menciona la sangre de Cristo, Satanás tiembla y retrocede al recordar lo que pasó en la cruz del Calvario cuando por medio de esta sangre Jesús lo derrotó.

"Y ellos le han vencido por medio de la sangre del Cordero".
(Apocalipsis 12: 11)

Ya tú y yo hemos vencido y seguiremos venciendo al diablo y sus demonios por el poder de la sangre de Jesucristo. Debe quedar claro que nunca debemos enfrentarnos al diablo en nuestra propia justicia, sino en la justicia que hemos recibido por medio de la sangre de Cristo. Es esa sangre la que nos da la seguridad de pararnos ante Satanás como hijos de Dios y no meramente como hombres.

Debemos utilizar esta sangre poderosa como cobertura y cubrirnos diariamente con ella. Cuando nos cubrimos con su sangre estamos apropiándonos de todos los beneficios de la cruz de Jesucristo; protección, acceso, perdón, seguridad, en la gracia de Dios, redención, reconciliación, santificación, habitar en la presencia de Dios y en la Victoria de Dios. Así mismo, cubrir todos nuestros familiares (esposas, esposos, hijos, abuelos, hermanos, etc.), pertenencias y propiedades para que todos estén protegidos ante el ataque de Satanás.

Cuando quiere lanzar un ataque sobre algo que te pertenezca y ve que estás cubierto con la sangre del pacto se da cuenta que hay uno que está al respaldo tuyo, que ya lo venció y lo sigue venciendo cada vez que se enfrenta a él y ese es Jesucristo.

¡Qué hermoso saber que esta sangre que se derramó hace dos mil años todavía hoy tiene el mismo poder y la misma efectividad! Dios la puso en tus manos para tu protección

EL NOMBRE DE JESUS

"Dios habiendo hablado muchas veces y de muchas maneras en otro tiempo a los padres por los profetas, en estos postreros días nos ha hablado por el Hijo, a quien constituyó heredero de todo, y por quien así mismo hizo el universo. El cual, siendo el resplandor de su gloria, y la imagen misma de su sustancia, y quien sustenta todas las cosas con la palabra de su poder, habiendo efectuado la purificación de nuestros pecados por medio de sí mismo, se sentó a la diestra de la Majestad en las alturas. Hecho tanto superior a los ángeles, cuanto heredo más excelente nombre que ellos. Porque, ¿a cuál de los ángeles dijo Dios jamás: Mi Hijo eres tú, Yo te he engendrado hoy, y otra vez: ¿Yo seré a él Padre y él me será a mi Hijo? Y otra vez: cuando introduce al Primogénito en el mundo dice: Adórenle todos los ángeles de Dios. Mas del Hijo dice: Tu Trono, oh, Dios, por el siglo del siglo, cetro de equidad es el cetro de tu reino. Has amado la justicia y aborrecido la maldad, por lo cual te ungió Dios, el Dios tuyo, con óleo de alegría más que a tus compañeros. Dios, además, lo llama Señor cuando dice: Y tu oh, Señor, en el principio fundaste la tierra y los cielos son obras de tus manos. Ellos perecerán, más tú permaneces, y todos ellos se envejecerán como una vestidura, y como un vestido los envolverás y serán mudados ; pero tú eres el mismo, y tus años no acabarán. Pues, ¿a cuál de los ángeles dijo Dios jamás, siéntate a mi diestra, hasta que ponga a tus enemigos por estrado de tus pies?".

(Hebreos 1: 1- 13)

Son tan importantes estos versículos que tenía que mencionarlos todos. Es hermoso el honor conferido a Jesús por su victoria en la tierra. Jesús significa lo máximo para Dios. El exaltó a Jesús, lo levantó a los lugares más altos que existen y elevó su nombre por encima de todo nombre en el cielo y en la tierra.

> *"Por lo cual Dios también le exaltó hasta lo sumo y le dio un nombre que es sobre todo nombre, para que en el nombre de Jesús se doble toda rodilla de los que están en los cielos y en la tierra, y debajo de la tierra; y toda lengua confiese que Jesucristo es el Señor, para gloria de Dios Padre".*
> (Filipenses 2: 9-11)

¡Tal es el poder y la victoria que hay en ese nombre! Tan es así, que tres mundos son sacudidos al mencionar este nombre; el cielo, la tierra, y el infierno. Tienen que doblar toda rodilla ante Jesús el Dios Todopoderoso. Jesús les había dicho a los discípulos:

> *"En mi nombre echarán fuera demonios".*
> (Marcos 16: 17)

Ellos utilizaron este nombre con poder y vencieron en todo momento. Tomemos el nombre de Jesús y declarémosle guerra a Satanás y sus demonios. Con ese nombre a tu disposición no puedes perder, tienes todas las de ganar.

LA ARMADURA DE DIOS

Dice la palabra de Dios:

> *"Por lo demás, fortaleceos en el Señor y en el poder de su fuerza. Revestíos con toda la armadura de Dios para que podáis estar firmes contra las insidias del diablo. Porque nuestra lucha no es contra sangre y carne, sino contra principados, contra potestades, contra los poderes de este mundo de tinieblas, contra las huestes espirituales de maldad en las regiones celestes. Por tanto, tomad toda la armadura de Dios, para que podáis resistir en el día malo, y habiéndolo hecho todo, estar firmes. Estad, pues, firmes, ceñida vuestra cintura con la verdad, revestidos con la coraza de la justicia, y calzados los pies con el apresto del evangelio de la paz; en todo, tomando el escudo de la fe con el que podréis apagar todos los dardos encendidos del maligno. Tomad también el yelmo de la salvación, y la espada del Espíritu que es la palabra de Dios".*
>
> (Efesios 6: 10-17)

Otra de las armas espirituales que tenemos con nuestra nueva identidad es la armadura de Dios. Todo soldado cuando va a la batalla para pelear contra su enemigo tiene una armadura para su protección y para atacar a su contrincante. De la misma manera, el creyente necesita esta armadura para protegerse de los ataques del enemigo y para que le sirva de ofensiva contra este.

¿Por qué es necesario tener la armadura?

"La noche está muy avanzada, y el día está cerca.
Por tanto, desechemos las obras de las tinieblas
y vistámonos con las armas de la luz".
(Romanos 13: 12)

"Preparad escudo y broquel, y avanzad hacia la batalla. Aparejad
los caballos, montad los corceles y presentaos con los yelmos puestos.
Bruñid las lanzas, vestíos las corazas".
(Jeremías 46: 3-4)

"Los proyectos con consejo se preparan
, y con dirección sabia se hace la guerra".
(Proverbios 20: 18)

"Porque si la trompeta da un sonido incierto,
¿quién se preparará para la batalla?".
(1ra. Corintios 14: 8)

"Por tanto, someteos a Dios.
Resistid, pues, al diablo y huirá de vosotros".
(Santiago 4: 7)

La Armadura de Dios es necesaria para resistir los ataques del diablo, para luchar contra principados, potestades, poderes de este mundo de tinieblas, huestes espirituales de maldad en las regiones celestes. La armadura se usa para protección y para ofensa o ataque. Usted está protegido por la armadura y por el escudo.

La espada se usa para atacar a nuestros enemigos espirituales.

A continuación, las partes de la armadura:

CINTO DE LA VERDAD

> *"Estad, pues, firmes, ceñida vuestra cintura con la verdad,*
> *revestidos con la coraza de la justicia".*
>
> (Efesios 6: 14)

La verdad es la palabra de Dios. Jesús dijo:

> *"Yo soy el camino la verdad y la vida".*
>
> (Juan 14: 6)

Juan dijo que Jesús era la palabra y parece que no podemos separar a Jesús de la palabra. Por lo tanto, tiene que ser celoso por conocer la palabra de Dios (y a Jesús) para que así pueda conocer la palabra escrita y la palabra viva que es.

> *"La justicia será ceñidor de sus lomos,*
> *y la fidelidad ceñidor de su cintura".*
>
> (Isaías 11: 5)

"Y la mano del Señor estaba sobre Elías,
el cual ciñó sus lomos y corrió delante de Acaba hasta Jezabel".
(1ra. Reyes 18: 46)

"Pero ahora desechad también vosotros todas estas cosas: ira, enojo,
malicia, maledicencia, lenguaje soez de vuestra boca. No mintáis los
unos a los otros, puesto que habéis desechado al viejo hombre
con sus malos hábitos, y os habéis vestido del nuevo hombre,
el cual se va renovando hacia un verdadero conocimiento,
conforme a la imagen de aquel que lo creó".
(Colosenses 3: 8-10)

Es sumamente importante saber que cuando vamos con la verdad vencemos. Tan pronto entra la mentira pierdes fuerzas y tu armadura comienza a debilitarse. Dice la palabra de Dios que todo lo oculto saldrá a la luz y es bien importante entender que cuando no decimos la verdad, por más que tratemos de defender esta mentira, algún día saldrá a la luz y seremos desenmascarados. Por el contrario, si la verdad siempre esta delante de nosotros, la luz y el brillo de Dios estará sobre nosotros y seremos lumbreras en medio de las tinieblas. Esto provocará que en cualquier lugar donde el enemigo quiera poner tinieblas para derrotarte no lo podrá hacer porque cuando tú entres a ese lugar brillarás y las tinieblas y oscuridad desaparecerán.

VESTIDOS CON LA CORAZA DE JUSTICIA

"Estad, pues, firmes, ceñida vuestra cintura con la verdad,
revestidos con la coraza de la justicia".
(Efesios 6: 14)

El apóstol Pablo dice que la coraza de justicia es la Fe y el Amor.

"Pero puesto que nosotros somos del día, seamos sobrios, habiéndonos
puesto la coraza de la fe y del amor,
y por yelmo la esperanza de la salvación".
(1ra. Tesalonicenses 5: 8)

Debemos entender de qué está hecha esta coraza. Esta coraza no es de un material natural y físico, porque la fe y el amor tampoco son cosas materiales. Si tenemos fe, podemos creer la palabra de Dios y por medio de ella podemos amar a nuestro prójimo como a nosotros mismos. No emocionalmente, pero con palabras amables que edifican a un hombre y por acciones amables que le ayudarán materialmente.

Cuando no se está preparado, es el momento más inoportuno para comenzar una batalla. Por eso primeramente es necesario prepararse.

"Por lo demás, fortaleceos en el Señor y en el poder de su fuerza".
(Efesios 6: 10)

Este es un principio general: Dependamos de la fuerza de Dios, Cristo es nuestra fuerza. El apóstol Pablo usa la frase "en" dos veces en este pasaje. A través del libro de Efesios, vemos que estamos en Cristo. Somos uno con Él. Su vida es nuestra vida, su poder es nuestro poder, su verdad es nuestra verdad. En Cristo somos fuertes. No importa qué fuerte sea el enemigo, la fuerza de Cristo es superior.

"Hijos míos, vosotros sois de Dios y los habéis vencido, porque mayor es el que está en vosotros que el que está en el mundo".
(1ra. Juan 4: 4)

La cantidad más pequeña del poder divino puede vencer la cantidad más grande del poder del enemigo. Ese poder es nuestro en el Señor.

"Todo lo puedo en Cristo que me fortalece".
(Filipenses 4: 13)

Yo creo que esto está a nuestro alcance. Negarlo es negar la realidad fundamental de la vida cristiana. Sabemos que hemos de ganar la guerra porque Cristo ganó la victoria, no hay necesidad de perder batallas en el camino. ¿Qué clase de poder tenemos? El poder que conquistó la muerte y todas las cosas debajo de sus pies. La fuerza del cristiano está en Jesucristo y no en sí mismo. Debemos usar la armadura de Dios que es la provisión que Dios nos ha dado.

> *"Para que andéis como es digno del Señor, agradándole en todo, dando fruto en toda buena obra y creciendo en el conocimiento de Dios; fortalecidos con todo poder según la potencia de su gloria, para obtener toda perseverancia y paciencia, con gozo. Porque Él nos libró del dominio de las tinieblas y nos trasladó al reino de su Hijo amado".*
> (Colosenses 1: 10, 11, 13)

No me gustaría entrar en una guerra espiritual sin poder distinguir al enemigo y sin saber la forma en que opera. La preparación: nuestra fuerza es Cristo, nuestra victoria en Cristo y en nuestro poder en Cristo. Esta coraza esta puesta en tu pecho y la parte más importante que protege es el corazón.

"Porque de adentro, del corazón de los hombres, salen los malos pensamientos, fornicaciones, robos, homicidios, adulterios".
(Marcos 7: 21)

"Más engañoso que todo, es el corazón, y sin remedio; ¿quién lo comprenderá?".
(Jeremías 17: 9)

"Pero el que tiene bienes de este mundo, y ve a su hermano en necesidad y cierra su corazón contra él, ¿cómo puede morar el amor de Dios en él?".
(1ra. Juan 3: 17)

Es por eso por lo que sentimos dolor en el estómago cuando experimentamos ciertas emociones. El corazón tiene que ver con el proceso del pensamiento y las entrañas tienen que ver con las emociones. El enemigo ataca mucho el corazón. La idea es quitarle de su corazón la palabra de Dios y así llenar su mente con mentiras, medias verdades, perversión, inmoralidad, doctrinas falsas, etc. Quiere que llegues a pensar que un poco de pecado no es malo. Pone el pecado de una forma bella que confunde su mente y trata de arruinar la conciencia.

El enemigo desea confundir las emociones corrompiendo tus deseos y atrayendo tus afectos y deseos a las cosas equivocadas. Este ataque viene a la mente y a las emociones.

> *"Y haced todo esto, conociendo el tiempo, que ya es hora de despertaros del sueño; porque ahora la salvación está más cerca de nosotros que cuando creímos. La noche está muy avanzada, y el día está cerca. Por tanto, desechemos las obras de las tinieblas y vistámonos con las armas de la luz. Andemos decentemente, como de día, no en orgías y borracheras, no en promiscuidad sexual y lujurias, no en pleitos y envidias; antes bien, vestíos del Señor Jesucristo, y no penséis en proveer para las lujurias de la carne".*
>
> (Romanos 13: 11-14)

CALZADO DEL EVANGELIO DE LA PAZ

En Efesios 6: 15 dice: *"y calzados los pies con el apresto del evangelio de la paz"* ...

Al igual que las otras piezas de la armadura, necesitará un antecedente, historia y fe. Tiene que aprender de qué consiste todo el evangelio y estar listo para compartirlo con cualquiera y con todos. Ponga a un lado sus ideas preconcebidas con relación a lo que usted cree y entienda que todo el plan Dios contiene más que el perdón de pecados.

"Lámpara es a mis pies tu palabra, y luz para mi camino".
(Salmo 119: 105)

"¡Qué hermosos son sobre los montes los pies del que trae buenas nuevas, del que anuncia la paz, del que trae las buenas nuevas de gozo, del que anuncia la salvación, y dice a Sion: ¡Tu Dios reina!".
(Isaías 52: 7)

"He aquí sobre los montes los pies del que trae buenas nuevas, del que anuncia la paz. Celebra tus fiestas, Judá, cumple tus votos. Porque nunca más volverá a pasar por ti el malvado; ha sido exterminado por completo".
(Nahum 1: 15)

"¿Y cómo predicarán si no son enviados? Tal como está escrito: ¡Cuán hermosos son los pies de los que anuncian el evangelio del bien!".
(Romanos 10: 15)

Compartir el evangelio con otros es parte de tu armadura.

ESCUDO DE LA FE

En Efesios 6: 16 dice:

> *"en todo, tomando el escudo de la fe con el que podréis apagar todos los dardos encendidos del maligno".*

En todas las guerras hay dos tipos de armas: ofensivas y defensivas. La fe, más que otra cosa, es un arma defensiva. Con la fe protegemos nuestro espíritu para que no sea debilitado, nuestra alma para que no sea confundida y nuestro cuerpo para que no sea enfermado. En esta lucha espiritual seremos constantemente atacados por nuestro enemigo por tal razón debemos cargar siempre el escudo de la fe para nuestra protección. La fe es confianza absoluta en Dios y en lo que dice su palabra.

> *"Combate, oh, Señor, a los que me combaten; ataca a los que me atacan. Echa mano del broquel y del escudo, y levántate en mi ayuda. Empuña también la lanza y el hacha para enfrentarte a los que me persiguen; di a mi alma: Yo soy tu salvación. Y mi alma se regocijará en el Señor; en su salvación se gozará".*
>
> (Salmo 35: 1-3, 9)

"Muchos dicen de mi alma: Para él no hay salvación en Dios.
Mas tú, Señor, eres escudo en derredor mío,
mi gloria, y el que levanta mi cabeza".
(Salmo 3: 2-3)
"Tú me has dado también el escudo de tu salvación;
tu diestra me sostiene, y tu benevolencia me engrandece".
(Salmo 18: 35)
"Mi escudo está en Dios, que salva a los rectos de corazón".
(Salmo 7: 10)

Tomemos el escudo de la fe para tener poder y así apagar los dardos. El escudo se necesita solamente en el momento que comienzan a venir los dardos de fuego del maligno. Esta fe no es la misma como la mencionada bajo la coraza de justicia que eran la fe y el amor. Lo que Pablo dice es que no solamente creamos a la palabra Dios, sino que la usamos para detener los ataques de Satanás (ataca diariamente).

Usemos la palabra de Dios como un arma defensiva teniendo a Jesús como nuestro ejemplo. Aprenda cómo Él uso el escudo de fe después de haber ayunado 40 días y 40 noches.

"Jesús, lleno del Espíritu Santo, volvió del Jordán y fue llevado por el Espíritu en el desierto por cuarenta días, siendo tentado por el diablo. Y no comió nada durante esos días, pasados los cuales tuvo hambre. Entonces el diablo le dijo: Si eres Hijo de Dios, di a esta piedra que se convierta en pan. Jesús le respondió: Escrito está: "No solo de pan vivirá el hombre." Llevándole a una altura, el diablo le mostró en un instante todos los reinos del mundo. Y el diablo le dijo: Todo este dominio y su gloria te daré; pues a mí me ha sido entregado, y a quien quiero se lo doy. Por tanto, si te postras delante de mí, todo será tuyo. Respondiendo Jesús, le dijo: Escrito está: "Al Señor tu Dios adorarás, y a Él sólo servirás". Entonces el diablo le llevó a Jerusalén y le puso sobre el pináculo del templo, y le dijo: Si eres Hijo de Dios, lánzate abajo desde aquí, pues escrito está: "A sus ángeles te encomendará para que te guarden", y: "en las manos te llevaran, no sea que tu pie tropiece en piedra." Respondiendo Jesús, le dijo: Se ha dicho: "No tentarás al Señor tu Dios." Cuando el diablo hubo acabado toda tentación, se alejó de Él esperando un tiempo oportuno. Jesús regresó a Galilea en el poder del Espíritu, y las nuevas acerca de Él se divulgaron por toda aquella comarca"
(Lucas 4: 1-14).

YELMO DE LA SALVACIÓN

La salvación es un evento y es un proceso. Usted fue salvo del castigo por sus pecados cuando creyó por primera vez.

Cuando sucedió eso, fue rescatado del poder de Satanás y trasladado al reino del amor del hijo de Dios. Pablo dice que ya no está bajo autoridad de oscuridad. Ustedes están bajo la autoridad de Jesús y esa es una autoridad de amor.

Con el yelmo de la salvación protegemos nuestra mente. Satanás hace batalla con tu mente poniendo dudas y mentiras. Pero si mantenemos nuestra mente renovada creyendo que somos salvos y confiando en la palabra de Dios la proteges de toda duda e incredulidad.

"Vio que no había nadie, y se asombró de que no hubiera quién intercediera. Entonces su brazo le trajo salvación, y su justicia le sostuvo. Se puso la justicia como coraza, y el yelmo de salvación en su cabeza; como vestidura se puso ropas de venganza, y se envolvió de celo como de un manto".
(Isaías 59: 16-17)

"Pero puesto que nosotros somos del día, seamos sobrios, habiéndonos puesto la coraza de la fe y del amor, y por yelmo la esperanza de la salvación".
(1ra. Tesalonicenses 5: 8)

"Oh Dios, Señor, poder de mi salvación,

tú cubriste mi cabeza en el día de la batalla".

(Salmo 140: 7)

"Para que ya no seamos niños, sacudidos por las olas y llevados de aquí para allá por todo viento de doctrina, por la astucia de los hombres, por las artimañas engañosas del error; sino que hablando la verdad en amor, crezcamos en todos los aspectos en aquel que es la cabeza, es decir, Cristo, de quien todo el cuerpo (estando bien ajustado y unido por la cohesión que las coyunturas proveen), conforme al funcionamiento adecuado de cada miembro, produce el crecimiento del cuerpo para su propia edificación en amor".

(Efesios 4: 14-16)

LA ESPADA DEL ESPÍRITU QUE ES LA PALABRA DE DIOS

Aquí vemos que la palabra de Dios es un arma de ataque la cual se puede usar para contrarrestar y vencer el asechanzas de la maldad. Hemos visto que la palabra Dios es tanto para defender, como para atacar. Para luchar contra la oscuridad que está tratando de oprimir y soterrar su espíritu y alma. Tiene que usar la palabra de las dos formas y para poder usarla tiene que conocerla. Como dijo David: *"Escondí (Guardé) tu palabra en mi corazón".*

La palabra va más allá de lo que sabes. Ella penetra el reino espiritual. La palabra es como una semilla, tiene dentro el poder para crecer y dar fruto. La palabra de Dios funciona cuando se pone a trabajar. Repase todos los milagros que hemos presentado en este libro. Encontrará que la mayoría de ellos se llevaron a cabo o fueron afectados por palabras. Las palabras de Jesús son espíritu y son vida. Debemos aprender todas nuestras lecciones de Jesús. De otra forma, seremos derrotados y atrapados en esta vida.

LA ALABANZA Y LA ADORACIÓN

Existe otra arma para la guerra espiritual a disposición de los cristianos, es una de las más potentes, la alabanza y adoración.

La Biblia nos brinda muchos ejemplos de victorias espectaculares que Dios logró para su pueblo en respuesta a la alabanza. Uno de estos ejemplos más sobresalientes ocurrió en los días del rey Josafat, cuando los edomitas atacaban Judá (2 Crónicas 20). Josafat estaba muy alarmado y convocó a toda Judá al templo para orar al Señor. En su oración confesó:

> *"Porque en nosotros no hay fuerza contra tan grande multitud*
> *que viene contra nosotros; no sabemos que hacer,*
> *y a ti volvemos nuestros ojos".*
>
> (2 Crónicas 20: 12)

El Espíritu del Señor vino entonces sobre Jahaziel, levita descendiente de Asaf (jefe de los músicos en la época del rey David). Jahaziel proclamó:

"No temáis ni os amedrentéis delante de esta multitud tan grande, porque no es vuestra la guerra sino de Dios".
(2 Crónicas 20:15)

Dios les dio los planes de combate por medio de Jahaziel. Después de adorar al Señor por la victoria prometida, Josafat le dijo al pueblo:

"Oídme Judá y moradores de Jerusalén. Creed en Jehová vuestro Dios y estaréis seguros; creed a sus profetas, y seréis prosperados".
(2 Crónicas 20: 20)

Entonces procedió a nombrar un grupo de hombres para que cantaran alabanzas y dijeran:

"Glorificad a Jehová, porque su misericordia es para siempre".
(2 Crónicas 20: 21)

A la derecha, Josafat alineo el ejército en filas. Los cantores vinieron y se alinearon a la izquierda. Josafat hizo entonces algo muy incoherente, dijo a los cantores que fueran al frente y cantaran alabanzas a Dios a la vanguardia del ejército.

Él sabía quiénes serían los verdaderos guerreros aquel día; los adoradores ganarían la batalla. Salieron a combatir con el coro al frente, cantando alabanzas a Dios, seguidos por el ejército.

> *"Y cuando comenzaron a entonar cantos de alabanza, Jehová puso contra los hijos de Amón, de Moa y del monte de Ser, las emboscadas de ellos mismos que venían contra Judá, y se mataron los unos a los otros".*
>
> (2 Crónicas 20: 22)

Ver también los versos 23-25. Los soldados de Josafat se miraban, observaban con un poco de vergüenza las espadas y lanzas y se encogían de hombros. Después bajaron las armas y se pusieron a recorrer el campo para recoger los despojos. Los verdaderos guerreros en esa ocasión no fueron los soldados, sino los componentes del coro. Mientras ellos cantaban alabanzas a Dios, Él peleaba por ellos, los soldados no tuvieron que levantar ni un dedo. Fue una victoria gloriosa. Los adoradores cantaban:

> *"Glorificad a Jehová, porque su misericordia es para siempre".*
>
> (2da. Crónicas 20: 21)

Es interesante notar que no pedían que cayera fuego del cielo, ni invocaban la ira de Dios sobre los paganos. Mucha parte de la lucha espiritual se distrae con la reprensión al enemigo o pidiendo a Dios que actúe a favor del creyente en cierta manera. Los cantores no recomendaban a Dios una estrategia de combate ni se molestaban en maldecir al enemigo. En esencia, su canto de alabanza decía: "Señor, reconocemos que tú eres el Dios Omnipotente y que has prometido pelear por nosotros hoy".

Te agradecemos y alabamos por la victoria, regocijándonos en lo que sabemos que ya has determinado hacer en nuestro favor. Esas palabras le permiten a Dios actuar de la mejor manera. La lucha por medio de la alabanza no dicta a Dios lo que debe de hacer, sino que lo alaba por su sabiduría y poder. Reconoce que Él es capaz de resolver el problema de la mejor manera posible.

El enfoque no está en la batalla ni el enemigo, sino en Dios quien es la solución. Pablo y Silas experimentaron la eficacia de la alabanza mientras estaban en la cárcel filipense. Los habían azotado y puesto en una celda interior, con los pies asegurados en el cepo.

Como a la medianoche, Silas tal vez dijo:

—Pablo, ¿le faltamos a Dios hoy? Me duele la espalda y los pies, y no puedo soportar todo esto. ¿Invocó una maldición para el carcelero por tratamos así, o pediremos que caiga fuego sobre este lugar?"

Pablo, quizás se quejó un poco al volver su cuerpo dolorido hacia Silas, y decir:

—"Silas, creo que debemos alabar al Señor. Démosle gracias que todavía estamos vivos, y que Él va a sacar algo bueno de esta situación".

Entonces a la medianoche, Pablo y Silas oraron y cantaron himnos a Dios. Tal vez la medianoche es el momento propicio para que los prisioneros levanten el corazón en alabanza a Dios. Ellos no clamaban a Dios por su liberación. No reprendían el cepo ni echaban fuera los demonios del carcelero. Solo alababan a Dios por su grandeza y bondad. ¿Qué ocurrió?:

"Entonces sobrevino de repente un gran terremoto, de tal manera que los cimientos de la cárcel se sacudían; y al instante se abrieron todas las puertas, y las cadenas de todos se soltaron".

(Hechos 16: 26)

La historia concluye que el carcelero y toda su familia confesaron su fe en Jesucristo. Dios respondió a la alabanza de sus siervos y no solo los libertó de la cárcel, sino que también libertó a una familia entera de las garras de Satanás.

Es sumamente poderosa esta arma de guerra. Cuando alabamos ocurre un terremoto en el mundo espiritual y todo lo encarcelado, todo lo encadenado y atado tiene que romperse y soltarse.

Usted verá victoria cuando emprenda la guerra de la adoración.

LA ORACIÓN

La oración es una tremenda arma de guerra que debe utilizarse en todo momento de nuestras vidas. Si la misma se alinea con la palabra de Dios tendrá resultados increíbles.

"El cielo y la tierra pasarán, pero mis palabras no pasarán".
(Mateo 24: 35)

La palabra de Dios no caduca, es por siempre. Tiene una vigencia perpetua. Por tal razón, es poderosa, viva y eficaz.

"... así será mi palabra que sale de mi boca:
No volverá a mí vacía, sino que hará lo que yo quiero,
y será prosperada en aquello para lo cual la envié".
(Isaías 55: 11)

La palabra de Dios es vida y tiene todo el poder, no retorna atrás nunca sin haber logrado y realizado el propósito para lo cual fue lanzada. ¡Qué tremendo y maravilloso!

Debes tener bien claro, que dicho poder te ha sido delegado. Debes de saber que cuando tú oras y sueltas la palabra para lo que ha sido lanzada lo hará. Si fue para bendición, así lo hará. Por el contrario, si fue lanzada en maldición también así lo hará. Por tal razón, debemos conocer que en nuestras manos Dios nos ha otorgado un poder increíble y hay que usarlo con responsabilidad.

> *"A ti te daré las llaves del reino de los cielos.*
> *Todo lo que ates en la tierra habrá sido atado en el cielo,*
> *y lo que desatares en la tierra habrá sido desatado en los cielos".*
> (Mateo 16: 19)
> *"De cierto os digo que todo lo que atéis en la tierra*
> *habrá sido atado en el cielo,*
> *y todo lo que desatéis en la tierra habrá sido desatado en el cielo".*
> (Mateo 18: 18)

Ya hemos estudiado, en este libro, que Jesús tiene toda autoridad y poder porque venció a Satanás en la cruz del Calvario. Además, que fue al infierno y le quitó las llaves de la muerte y del infierno a

Satanás y puso su autoridad y poder en manos de la Iglesia.

En los versículos que acabamos de mencionar, dice que Jesús nos entregó las llaves del reino y que tenemos autoridad para atar y desatar en la tierra y que, así como lo hagamos en la tierra, será hecho en los cielos.

¡Qué poderosa palabra!

Cuando tú atas algo lo estás paralizando, inmovilizando. Así mismo podemos ir en contra de Satanás y sus demonios. Por medio de la oración podemos atarlos y Dios lo hará con su poder y con su ejército. Quedará toda trama del enemigo y todo plan inmovilizado.

De la misma manera trabaja cuando oramos para desatar algo. Cuando desatamos, estamos quitándole cadenas y sogas a algo que estaba atado, paralizado, inmovilizado y le estamos dando órdenes para que salga a realizar su propósito. Por tal razón, siempre desatamos bendiciones porque queremos que las bendiciones que han sido aguantadas o paralizadas por el enemigo fluyan y lleguen a nuestras vidas o a las vidas de las personas por las cuales estamos orando.

Con la oración traemos el poder de lanzar palabra viva para hacer un trabajo y un propósito. Tenemos el poder para paralizar los ataques del enemigo a nuestras vidas. Tenemos el poder para soltar todas las bendiciones que sean necesarias y regresarlas para nuestras vidas y para los nuestros.

LOS MEJORES AÑOS DE TU VIDA SON LOS QUE ESTÁN POR VENIR

Durante todo este escrito he querido demostrarte que cuando reconocemos a Jesucristo como el Señor de nuestras vidas ocurre un cambio de identidad. Antes, la identidad era una de derrota; de muerte, de oscuridad, de tristeza, de enfermedades, de angustia, de problemas la cual no había ninguna señal de victoria. Por el contrario, la nueva identidad obtenida es una de victoria, de bendiciones, de alegría, de paz, de salud y de todo lo positivo.

Esta nueva identidad viene respaldada por un poder increíble, sobrenatural y maravilloso. Viene respaldado por el Todopoderoso Dios. El mismo que creó los cielos y la tierra con solo una palabra, el mismo que la naturaleza tiembla cuando su presencia llega.

Entonces, nuestra vida debe ser de confianza y de victorias porque sabemos quién es el que nos respalda. Ya es tiempo que vivamos la vida verdadera que Dios planificó para nosotros desde la fundación del mundo, la de victoria y que disfrutemos cada bendición y promesas que su palabra menciona para nosotros.

Sí, amigo(a). El poder de Dios está contigo y desde hoy te aseguro que comenzarás a vivir los mejores años de tu vida. Todo lo que el enemigo te robó, por tantos años, Dios te lo está devolviendo hoy. Levántate porque hoy eres otra persona que sabe y conoce…

EL PODER DE TU NUEVA IDENTIDAD.

SOBRE EL AUTOR

El Dr. Jaime Cintrón Roura es ingeniero mecánico de profesión, conferencista y escritor. Posee una Maestría en Administración de Empresas con especialidad en Gerencia y un Doctorado en Ministerio.

Es evangelista ordenado del Ministerio Apostólico R.E.D.E.S. Ha tenido el privilegio de llevar el mensaje a distintos lugares dentro y fuera de Puerto Rico. Su estilo jocoso y sencillo ha hecho que cientos de vidas lleguen a los pies de Jesucristo.

Hoy día, es Capitán Mayor del ministerio evangelístico internacional *Army of the Lord*. Su pasión es la salvación de las almas y manifestar el Reino de Dios en todo lugar.

Este libro se terminó de imprimir en noviembre 2022

Puerto Rico / Cuba
1(787)263-5223
editorialzayas@gmail.com